W0060114

Reinhard Kreissl

Feinde

Inhalt

Prolog: Ein praktisches Brevier beliebter Beschimpfungen

Was wäre die Welt ohne unsere Feinde. Furiose Verachtung, Wut und Ablehnung sind Gefühle, die das Leben erträglich machen. Feinde bringen Schwung und Ordnung in eine laue und unübersichtliche Welt. Man braucht sie, als Ursache von Wirkungen, wenn alles andere zwischen den Fingern zerbröselt. Feinde sind fassbar, liefern Bilder, geben dem Unbehagen einen Namen und lindern den Schmerz über den eigenen Abstieg in die Bedeutungslosigkeit. Und apropos Bedeutungslosigkeit: Schon der Volksmund lehrt: viel Feind, viel Ehr! Und zudem: Ist die Welt nicht wirklich voll von Menschen, die einem auf die Nerven gehen? Und die gesellschaftlichen Umgangsformen werden immer absurder. Manchmal vermutet man, der einzig noch übrig gebliebene Normale zu sein. Hilft aber nichts: Man muss mit all den Verrückten leben.

Je ähnlicher sich die Menschen werden, desto stärker das Bedürfnis, sich von anderen abzusetzen, desto stärker der Wunsch, die anderen als Konkurrenten zu kritisieren, niederzumachen, desto lauter der Ruf nach Strafe, Verboten und Ausschluss. Es herrscht Uniformität. Die scheinbare Vielfalt ist die der Schrebergartenkolonie, kleine Parzellen, individuell liebevoll gestaltet, aber eben eine wie die andere – ob nun Audi und Aldi oder H&M und Hybridantrieb. Gucci ist überall, als Original, Kopie oder Kopie von der Kopie.

Jeder für sich und doch alle gemeinsam getrieben vom Verdacht, der Nachbar könnte besser abschneiden. Da mag keine Solidarität heranwachsen. Manche Leute fangen in der Situation an sich zu grämen. Früher, bevor es ganz unmodern wurde, bekam man davon ein Magengeschwür, heute macht das Stress und ist schlecht für Herz und Kreislauf. Wer das vermeiden will, schimpft. Allerdings ist die Kunst des Schimpfens, der fantasievollen Beleidigungen und Flüche, auch nicht mehr, was sie vor dem Niedergang der Tabus einmal war, und zudem außerhalb der geschlossenen Kabine des Automobils nicht ohne Risiko.

Hier helfen gute Feinde. Sie bringen die Leute zusammen: denn was verbindet mehr als gemeinsame Ablehnung? Und in der Gruppe ist die Furcht vor dem Bösen sowieso am schönsten.

Das *Wir*, mit dem uns Politiker, Medien und Werbung ansprechen, setzt *die Anderen* voraus, diejenigen, die anders sind als unsereiner. Wir Fußgänger, Frauen, Facharbeiter, wir Deutsche, Europäer, Inländer, wir Nichtraucher und Mülltrenner – Uns gibt es nur, weil es Autofahrer, Männer und Ungelernte, Franzosen, Afrikaner und Ausländer, Raucher und Umweltsünder gibt.

An ihren Feinden sollt ihr sie erkennen. Die Liste derjenigen, die *Uns* übelwollen, ist lang, und auf dem Misthaufen der Geschichte verrotten abgelegte Feindbilder. Wer erinnert sich noch an die Langhaarigen und Gammler, die vor nicht allzu langer Zeit den Bürgerschreck gaben und den Untergang des Abendlandes ankündigten. Früher gern genommen als Feindbild auch der, die, das Linke in der Form von Kommunisten, Studenten und den Lehren des Karl Marx. Überhaupt war die Welt rein feindbildtechnisch gesehen schon mal einfacher. Damals gab es eine zweigeteilte Welt, in der im Osten das Böse hauste und im Westen das Gute blühte. Da forderte man in West-Deutschland die Gegner gerne auf, doch »nach drüben« zu gehen. Dorthin, wo heute die neuen Bundesländer sind. Irgendwie hat sich diese Differenz in der Form von Wessi gegen Ossi gehalten, aber sie ist vielschichtiger geworden. Heute sollen im Osten eher die demokratiefeindlichen radikalen Rechten sitzen – sagen die Besserwessis!

* * *

Woher kommen diese Feindbilder? Werden sie erfunden, tauchen sie in der richtigen Welt plötzlich auf, warum haben heute diese und morgen jene Konjunktur? Warum konnte man sich über Punks in Fußgängerzonen erregen, über Frauen in Miniröcken, über eine politische Partei, die auf die Endlichkeit der Energiereserven hinwies?

Man könnte vermuten, dass eine Gruppe so lange als Feindbild gilt, wie sie mit ihrer Position in der Minderheit und damit ihrer Zeit und der Mehrheit voraus ist. Oder funktioniert es auch in der anderen Richtung: all jene, die nicht auf der Höhe der Zeit sind, die Rückständigen, ewig Gestrigen, die Fortschrittsbremser – sind nicht auch sie es, die man zu Feinden erklärt?

Sehr passend hier der Unterschied zwischen *Uns* in der Mitte, bedroht von *denen da oben* und *denen da unten*. In der sozialen Vertikalen kann man gut die Entstehung von Feindbildern studieren. Fürchtet der Kleinbürger den sozialen Abstieg, dann schimpft er nach beiden Seiten, auf die Schmarotzer, Ausländer und Nichtstuer, die *Uns* auf der Tasche liegen und auf die Sanierer, Manager und Nieten in

Nadelstreifen, die zu viel verdienen und nichts dafür leisten.

Besonders erheiternd ist die Differenz von Einzelnem und Masse nach dem Motto: Tourist ist immer der andere! Für den Stau, in dem ich stehe, sind die anderen Autofahrer verantwortlich, und über das niedrige Niveau der Massenunterhaltung kann ich auch nur dann schimpfen, wenn ich sie selbst fortlaufend konsumiere.

Ein Feindbildklassiker ist der Unterschied zwischen innen und außen, Arbeitsplatzbesitzer gegen Arbeitslose, Inländer gegen Ausländer, diejenigen, die einen warmen Platz drinnen haben gegen diejenigen, die draußen frierend im Regen stehen.

Über all den offensichtlichen, grellbunt bebilderten Feindbildern, von denen Talkshows, Boulevardpresse und Stammtisch leben – übrigens auch dies alles selbst Kandidaten für ein ordentliches Feindbild! –, sollte man nicht vergessen, dass es subtile Formen der Verächtlichmachung gibt, die nicht in der Schlagzeile, sondern im Kleingedruckten wirken. Empfindsam geworden für Diskriminierung hat zum Beispiel die Frauenbewegung auf die in die Alltagssprache eingelassenen Formen der Abwertung hingewiesen, wo die männliche Form als dominanter Normalfall gilt und die weibliche als abgeleitete Variante erscheint.

* * *

Hat man die Dynamik und Mechanik der Feindbildkonstruktion erst einmal durchschaut, so kann das wohltuende Wirkungen auf die alltäglichen Erregungen haben. Denn Ärger ist die emotional aufgeladene Form des Staunens, welches wiederum bekanntlich der Beginn aller Philosophie ist. Man tut also gut daran, diese Gelegenheiten zu nützen: Sie sind hervorragende Anlässe für Einsichten über Gott und die Welt und die Zustände an sich und für sich. Dazu darf man den Ärger nicht unterdrücken, schon gar nicht deshalb, weil er sich nicht gehören würde. Man muss ihn vielmehr sensibel wahrnehmen und sorglich pflegen. Man muss zu seinen Vorurteilen stehen, weil sie dabei sichtbar werden. Dann aber empfiehlt es sich, daran zu arbeiten: Wo kommen sie her, wo gehen sie hin? Mit wenig Mühe kann man aus dem gemeinen Ärger reflektierten Ärger erzeugen, der ausgesprochen Spaß macht. Die Psychoanalytiker nennen das Sublimierung: Aus dem Wunsch, jemandem eine reinzuhauen, wird genaue Kenntnis der Person. Aus Ärger wird Vergnügen.

Man sieht klarer, wenn man, so geläutert, mit der einfachen Hypothese arbeitet, dass alle Menschen im Wesentlichen ziemlich ähnlich sind. Es erfordert zugegebenermaßen eine gewisse Anstrengung und regelmäßige Übung, aber der Erfolg stellt sich ein in der Form eines schärferen Blicks, sinkender Besorgnis und schlichtweg größerer Freundlichkeit. Das alles ohne jede Form von östlicher Heilslehre, unter Verzicht auf körperliche Anstrengungen und finanzielle Verpflichtungen.

* * *

Die hier versammelten Feindbilder sind als Beispiele gedacht. Die Darstellung ist weder umfassend noch erhebt sie den Anspruch, die wichtigsten und größten Feinde zu versammeln. Manche fehlen ganz offensichtlich. Auf andere mag man nicht mehr eindreschen, die sind einfach durchgenudelt. Wenn man anderen von der Idee erzählt, dann trägt jeder seinen Lieblingsfeind bei und es ist erstaunlich, wer und was sich alles als Feindbild eignet. Selbst die Müsliverpackung taucht da auf: erst lässt sie sich nicht öffnen und dann reißt sie mitten durch und der Inhalt verteilt sich über den Küchenboden. Dergleichen Mikroärgernissen wurden hier keine eigenen Kapitel gewidmet, wiewohl sie einem durchaus den Tag verderben können. Die auf den folgenden Seiten präsentierte Auswahl ist subjektiv, aber nicht willkürlich. Sie folgt einer Reihe von Überlegungen, die man etwas hochtrabend als Vorarbeiten zu einer Taxonomie von Feindbildern bezeichnen könnte. Die Feindbilder sind in Gruppen geordnet, die jeweils einen Typus repräsentieren sollen. Man hätte sie, weil sie nicht eindimensional sind, auch anders anordnen können. Vor jedem der Kapitel kann man nachlesen, warum die jeweils folgenden Beispiele dort stehen.

Ursprünglich war geplant, den verschiedenen Feindbildern immer auch mit vorbildlich analytischer Distanz zu begegnen. Im Prozess des Schreibens trat aber an manchen Stellen dann genau das ein, wovon dieses kleine Büchlein handelt: die Freude am ausgestreckten Zeigefinger, nach dem Motto: Seht sie euch an! – und dann reißt hemmungslose Häme ein. Man sollte einfach nicht als Heiliger auftreten wollen, das endet meistens in Bigotterie. Also lieber mal vom Leder ziehen, als noch den letzten Mist mit dem Mantel christlicher Nächsten- oder Feindesliebe verständnisvoll zudecken. Daher kommen nicht alle Feinde gut weg hier – zu langweilig ist das ewige Verstehen.

Wer mit offenen Augen durch die Welt geht, im Kopf die Idee zu einem Buch wie diesem, der wird bald feststellen, dass die Satire die Realität nie einholen kann. Die schrägsten literarischen Einfälle verblassen vor dem real existierenden Irrsinn des Alltags. Diese Einsicht hat viele Autoren inspiriert und sie Demut gegenüber dem trivialen Akt des Beobachtens unspektakulärer Alltagsereignisse gelehrt. So auch hier. Als gelernter Soziologe hat man mit etwas Glück eine gewisse Übung für diese Art des Beobachtens (wenn man vorher die akademische Ausbildung in dieser Disziplin ohne Schaden zu nehmen überstanden hat). Es handelt sich bei den hier vorgelegten Analysen und Sottisen also auch um ein Stück Gesellschaftstheorie und Zeitdiagnose, wie sie die Sozialwissenschaft in bierernsten Büchern gelegentlich auch noch versucht. Ein bisschen so etwas wie Fröhliche Wissenschaft.

Wenn Sie, verehrte Leserinnen und Leser, weitere Feindbilder deponieren wollen, so haben Sie die Möglichkeit, dies an unserer virtuellen Klagemauer im Internet zu tun. Sie sind dazu herzlich eingeladen. Unter der Adresse: www.folksuni.org finden Sie alles Weitere.

* * *

Dieses Buch wäre – wie jeder halbwegs lesbare Text – nicht zustande gekommen ohne die Unterstützung vieler anderer. Die Idee wurde geboren in einem Gespräch mit Martin Scherer und Susanne Fink unter einer zu kleinen Markise vor einem Cafe während eines sommerlichen Regengusses. Hilfreiche Unterstützer von Anfang bis zum Schluss waren Heinz Steinert und Christine Resch, von Kreissl, Steinert & Partner, die beide von dem Plan zu diesem Buch begeistert waren und so manchen Feind sowie jede Menge kritischer Anmerkungen beigesteuert haben. Einzelne Feindbilder habe ich guten Freunden geschickt, die sich geduldig von mir als Testleserinnen ausbeuten ließen. Carolin Dietrich, Katja Mertin und Claudia Mühlhäuser haben ausgiebigst kommentiert, mich auf Auslassungen und Fehler hingewiesen, Anregungen für Zuspitzungen gegeben und nicht mit Hinweisen auf hier und da noch einzubauende Gemeinheiten gespart. Ihnen sei an dieser Stelle, wie allen anderen rothaarigen Frauen auch, nachhaltig gedankt. Zu Dank verpflichtet bin ich im Übrigen auch all jenen anonymen Inspiranten, die mir als Empirie vor der Haustüre, durch ihr Auftreten oder Verhalten unabsichtlich hilfreiche Anregungen für diesen oder jenen Feind geliefert haben.

Schließlich sollte ich das Buch auch noch widmen, das gehört sich so und ist praktisch, da man durch Widmungen alte Schulden bei jenen begleichen kann, die einem weitergeholfen haben. Also widme ich dieses Buch meinem Vater, dem ich die Haltung der distanzierten Ironie verdanke, und meiner Tochter, die mich davor bewahrt hat, dieser Haltung hemmungslos zu verfallen.

München / Wien

Erste Abteilung: Die uns bedrohen

Es gibt Dinge, da hört der Spaß auf. Über manche Menschen kann man nicht unterschiedlicher Meinung sein. Da muss man einfach dagegen sein und klare Bekenntnisse ablegen. Oder sind Sie dafür, dass in Kindergärten bei geschlossenem Fenster geraucht wird, dass Ausländer hierzulande wie Inländer behandelt werden, dass man die Verbrecher laufen lässt? Solche Figuren gehören klar abgestraft, sie müssen lernen, wo ihr Platz ist, dass es so nicht geht und man sich hierzulande nicht alles bieten lässt. Und dennoch. Bei genauerem Hinsehen zeigt sich auch hier, dass der Teufel sich hinterm Detail versteckt, dass in jeder Schimpfkanonade immer auch ein sekundärer Krankheitsgewinn lauert und das eigene Ego hier zetert oder die gern verdrängten dunklen Seiten unschön ins Licht geraten.

Vielleicht ist es nicht nur die Bedrohung, vor der wir uns schützen müssen, sondern auch eine Anziehung: Vielleicht wären wir auch gern so lässig, so südländisch sorglos und so rücksichtslos gegen Vernunft und Zukunft, wie wir es verschiedenen anderen unterstellen zu sein, und müssen uns deshalb aggressiv gegen die Möglichkeit sichern. Vielleicht ist es sogar so, dass wir das, was wir verachten, zusätzlich noch treten möchten und uns dazu auch legitimiert fühlen?

An den bedrohlichen Beispielen können wir uns selbst bedrohlich werden. Deshalb muss man nun wiederum nicht gleich vor sich selbst erschrecken. Es ist gar nicht nötig, im Gedachten und Fantasierten ein Heiliger zu sein. Es ist nur bei viel an Gedachtem und Fantasiertem günstig, wenn es in diesem geschützten Bereich bleibt – und dort durch geeignete Pflege und humorvolle Zivilisation in reflektierten Ärger übergeleitet wird.

Betrachten Sie also die folgenden Beispiele: den Raucher, den Ausländer sowie den Kriminellen, und vielleicht fallen Ihnen am Ende dieser Abteilung noch weitere Kandidaten ein.

Der Raucher

Sehr schöne Studien über die Erregbarkeit der Bürger kann der anstellen, der – am besten in einer nicht eindeutig definierten Zone, die es erstaunlicherweise immer noch gibt – eine Zigarette anzündet. Zum Beispiel im Vorraum eines Kinos. Es beginnt piano mit missbilligenden Blicken, geht crescendo über in laute Bemerkungen, die nicht direkt an den Raucher gerichtet, doch für sein Ohr bestimmt sind und, wenn man Glück hat, platzt bei einem der Umstehenden die Moralblase und es ergießt sich ein Schwall von Vorwürfen und Beschimpfungen über den rauchenden Zeitgenossen. Es sind sogar Fälle verbürgt, in denen Nichtraucher handgreiflich wurden und wütend ihrem Gegenüber die brennende Zigarette aus dem Mund zogen.

Das Interessante an der Aufregung über den Raucher ist ihre Grenzenlosigkeit. Es ärgert sich der gesundheitsbewusste Kleinbürger ebenso wie Angehörige der darunter und darüber liegenden Klassen – quer durch Europa. In Amerika sowieso. Wer in New York im Tabakladen nach einer Packung Camel ohne Filter fragt, den behandelt man wie den Käufer eines Kinderpornomagazins. Die Ware wird unter dem Ladentisch hervorgezogen und unauffällig über den Tresen geschoben. Six Dollar Sir, thank you.

Was hat das zu bedeuten? Was treibt erwachsene Menschen dazu, ein Verhalten zu verteufeln, das über Jahre hinweg als normal, ja eine Zeit sogar als elegant, weiblich schick und männlich cool galt? Sind wir alle aus der Marlborohypnose aufgewacht? Eines Morgens fiel es mir wie Schuppen von den Augen, dass aus den rot-weißen Pappschachteln eigentlich nie wilde Pferde herausgaloppiert waren, denen ich in die Prärie hinterher reiten konnte. Ich habe dann noch mal mein Ohr an eine leere Packung gehalten, kein Hufgetrappel zu hören und niemand rief mit sonorer Stimme »Come to Marlboro Country …« – Nein, solche Erlebnisse hatten wohl die wenigsten aus der wachsenden Mehrheit militanter Nichtraucher.

Was aber hat die Figur des Rauchers in kürzester Zeit zu einem derart potenten Katalysator für vehemente Wut- und Hassreaktionen in den Medien und auf der Straße gemacht? Hätte es nicht genügt, wenn Rauchen einfach aus der Mode kommt, so wie der Kommunismus und die Linke? (→ Der Kommunist) Bricht sich jetzt der jahrzehntelang aufgestaute Ärger der Nichtraucher Bahn, die sich nicht trauten, gegen den Qualm der anderen etwas zu sagen, um nicht als Spießer dazustehen? Ist die Menschheit über Nacht vernünftig geworden und will auf einmal das Risiko eines langsamen schmerzhaften Todes durch Tabakrauch minimieren?

Der Raucher, feindbildtechnisch ein Paradebeispiel, stellt uns feindbildtheoretisch vor ein ziemliches Rätsel. Wie lässt sich dieses Feindbild erklären und was steckt dahinter? Am einfachsten und auch in der Wissenschaft beliebt ist die multifaktorielle Erklärung. Die besagt, dass viele (daher »multi«) Faktoren eine Rolle spielen. Faktoren die sich gegenseitig beeinflussen und verstärken können. Das ist wie beim Lungenkrebs: Rauchen ist ein Faktor, aber viele andere, genetische und Umwelteinflüsse, Lebensstil und Wohnort, spielen ebenfalls eine Rolle. Beim Feindbild Raucher gehören zu diesen Faktoren die Politiker, denen außer Verboten nichts mehr einfällt und die verbieten, was ihnen unter die Finger kommt, sobald sie glauben, eine Mehrheit und die Medien damit für sich einnehmen zu können. Ferner das veränderte Verhältnis der Geschlechter, der rauchende Mann ist nicht mehr der tolle Mann, weil die Frauen jetzt selbst rauchen, statistisch gesehen umso mehr, je weniger Bildung sie haben. Der Wandel der Arbeitswelt, das allgemein gestiegene Gesundheitsbewusstsein (das nichts anderes ist als die positiv gewendete Angst vor allen möglichen Krankheiten) – und wie gesagt, alle diese Faktoren verstärken und beeinflussen sich.

Solche Erklärungen sind langweilig. Sie erklären genaugenommen nichts und sind auch nicht zu widerlegen. Vielversprechend und spannender ist der Ansatz bei der Biopolitik: Der Körper ist nicht mehr nur der mehr oder weniger wohlgeformte und funktionstüchtige Behälter des eigentlichen Menschen, der dem natürlichen Lauf der Dinge folgend verschrumpelt und irgendwann den Geist auf- und freigibt. Der Körper ist eine Art Selbstproduktionsmittel, etwas, das man hegen und pflegen muss. Der Mensch *ist* der Körper. Und er ist für seinen Körper verantwortlich. Wenn der Körper unförmig, der Mensch dick ist, dann ist es seine Schuld. Wenn er krank ist, dann auch – wäre der Mensch-Körper halt zur Vorsorgeuntersuchung gegangen und hätte er sich gesund ernährt.

Was ist neu an dieser Verlagerung vom Spirituell-Immateriellen aufs Biologisch-Materielle? Erinnert das nicht an Turnvater Jahn, oder gar an die alten Römer? Mens sana in corpore sano? Nicht ganz. Der Unterschied liegt im Verhältnis von mens und corpus, von Körper und Geist. Dem alten Römer wäre Gesundheit oder gar Fitness nie als Selbstzweck erschienen. Man stelle sich fünf dicke alte Römer in Toga und

Sandalen beim Nordic Walking vor. Die lagen, wenn sie reich waren, lieber bei Tische und überließen das Schönsein ihren jungen nubischen Sklaven. Bei Vater Jahn war das anders. Da ging es um die Zurichtung des Arbeiterkörpers für die körperliche Arbeit in der Produktion. Aber die bringt heute nichts mehr ein. Stark, ausdauernd und kräftig zu sein – damit erzielt man auf dem Arbeitsmarkt keine guten Preise. Zudem: der Malocher rauchte und der Römer soff.

Was heute zählt, ist Fitness als Wert an sich. Fitness ist dauerhafte Anspannung und angespannte Bereitschaft. Und der größte Feind der Fitness ist der Genuss, das achtlose Sich-Hingeben an die Versuchungen, wie es Oscar Wilde noch predigte. Und da kommt der Raucher wieder ins Spiel: Er verbindet mangelnde Beherrschung, denn Rauchen macht süchtig, mit hemmungslosem Genuss, denn Nikotin ist auch ein prima Nervengift. Er demonstriert wie seine Feind-Ebenbilder: der Übergewichtige, der Alkoholiker und der Drogensüchtige, die Folgen nachlassender Anspannung und Selbstbeherrschung. Das Selbst zu beherrschen heißt eben nichts anderes mehr, als den eigenen Körper im Griff zu haben. Das kann auf die Dauer ziemlich anstrengend sein und darüber hinaus auch noch ärgerlich, weil man trotz angestrengtester Selbstbeherrschung und wellblechlächelnder Dauerfitness nie sicher sein kann, ob man morgen nicht schon wie die dicken arbeitslosen Raucher mit der Bierflasche in der Hand am Hintereingang des Getränkemarkts steht. Die haben einen Vorteil, sie haben was zu trinken und was zu erzählen. Davon träumt der einsam seine Runden ziehende Jogger oder an den Geräten des Fitnessstudios schwitzende Kunde nur. (Der annonciert bestenfalls auf Flirt.de: männl. 28, 180, 72, NR, sucht Sie als Begleitung für gemeinsame Mountainbiketouren.)

Kehren wir mit unserem Feindbild Raucher noch einmal in die Antike zurück. Es waren die alten Griechen, die für das Wort Leben zwei verschiedene Ausdrücke kannten: Bios und Zoe. Mit Bios bezeichneten sie das, was wir vielleicht das nackte Leben nennen würden, die Mühsal der biologischen Existenz. Zoe hingegen bezog sich auf das gute Leben, für die alten Hellenen immer ein Leben in der Gemeinschaft mit Gleichgesinnten und Gleichgestellten. In diesen Runden wurde, soweit man heute weiß, weder über Orangenhaut am Oberschenkel noch über Röntgenschatten auf dem Lungenflügel diskutiert. Es waren dies vielmehr Zusammenkünfte, die der genussvollen Geselligkeit und intellektuell-hedonistischen Bereicherung dienten. Man hat im Angesicht unserer modernen körperdefinierten Feindbilder – Raucher, Trinker, Dicker – das Gefühl, das Leben sei auf das Bios reduziert, das Zoe wirkt bedrohlich. Oder wie es ein Wiener Kaffeehausbetreiber im Rahmen der Diskussion über ein allgemein einzuführendes Rauchverbot in der Gastronomie sagte: I hob a Wirtshaus und kaa Lungenheilanstalt. Der Mann sah aus, als wäre er über die Jahre hinweg selbst sein bester Kunde gewesen. Ein wahrer Philosoph, ein toleranter und robuster Zeitgenosse. Friede seiner Leber und seiner Lunge.

Der Ausländer

Hier handelt es sich, rein feindbildmäßig gesehen um eine Art Mehrzweckwaffe. Steht doch der Ausländer für das Andere schlechthin. Der Ausländer ist das Gegenteil vom Inländer, in unserem Fall also dem Deutschen. Der Ausländer existiert in verschiedenen Varianten, je nachdem ob er zu Hause bleibt oder hier lebt, ob er sich anpasst oder nicht, ob er alleine oder in Gruppen auftaucht. Unterscheiden kann man ferner zwischen dem guten und dem schlechten Ausländer.

Ein guter Ausländer ist beispielsweise der fleißige Türke von der Dönerbude gegenüber, der zu günstigen Preisen und bei Öffnungszeiten, die der Deutsche mit seiner gewerkschaftlichen Orientierung nie akzeptieren würde, frisch zubereitete Falafel in seinem blitzsauberen Schnellimbiss anbietet. Aber Vorsicht. Fliegt ein Fleischskandal auf, dann wird aus dem fleißigen Türken schnell ein Mitglied der Dönermafia, der rücksichtslos seine vergammelten Lammfleischlappen an die Deutschen verkauft. Daheim isst der so was sicher nicht. Kann einer wie er zumindest zeitweise dem Status des Feindbilds entkommen, so haben es andere wie der Asylant schwerer.

Der Asylant ist ausländertechnisch gesehen, das Gegenteil vom Touristen. Für den einen müssen wir aus unseren Steuermitteln aufkommen, der andere bringt sein Geld ins Land. Es gibt nur wenige Bereiche, wo beide gleichermaßen geschätzt werden. Eine dieser Ausnahmen ist die folkloristische Gastronomie: Die verkauft nämlich an die Touristen typische deutsche Spezialitäten und lässt die abgegessenen

Teller in der Küche vom schwarz und illegal beschäftigten Asylanten wieder spülen. Apropos schwarz. Als besonders ausländisch gilt »der Neger«, dem man wie kaum einem anderen den Ausländer schon von weitem ansieht. Das begründet im Übrigen auch den Erfolg von Roberto Blanco oder Billy Mo (der kam aus Trinidad, starb 2004 in Deutschland und wurde in den Sechzigerjahren bekannt mit der Bierdeckel-Polka und Liedern wie »Ich kauf mir lieber einen Tirolerhut«). Solche Figuren nützen den Überraschungseffekt: ein Neger der unsere Lieder singt und deutsch spricht! Auch spielen sie gezielt mit dem Image des Fremdländischen.

Denn das Fremdländische bietet eine Projektionsfläche für Ängste und Sehnsüchte, die anderweitig nicht abgefackelt werden können. Das beginnt bei der halb abschätzig, halb wütend vorgebrachten Beschwerde über die faulen Südländer, die immer nur in der Sonne liegen und sich vor jeder Arbeit drücken (was der Deutsche auch gerne täte, aber sich nicht traut, weil er Angst vor seinem Chef und um seinen Arbeitsplatz hat!). Es setzt sich fort in den zwischen neidvoller Bewunderung und männlicher Versagensangst angesiedelten Vermutungen über die sexuelle Leistungskraft des Schwarzen und endet in der Angst vor der Verschlagenheit des Ausländers, die meist nur der verständnisfreien Ratlosigkeit im Angesicht unbekannter Sprache und Kultur geschuldet ist. Sie trifft im Übrigen auch den Ausländer im Ausland, etwa in der Gestalt des italienischen Kellners in Jesolo, der dem deutschen Touristen das Geld aus der Tasche ziehen will.

Aber, so mag man einwenden, es ist doch was dran am Feindbild. Man muss doch nur in unsere Gefängnisse schauen. Die sind bestückt wie die Vollversammlung der Vereinten Nationen in New York: ein paar Deutsche und Hunderte von Ausländern. Auch und in jüngster Vergangenheit sehr aktuell und politisch realitätsmächtig die Doppelpackung vom Ausländer als Terrorist, als islamistisch-fundamentalistischer Taliban und Turbanträger. Überhaupt tummelt sich der Ausländer gern im Kriminellen, was insgesamt Vorsicht ihm gegenüber angeraten sein lässt. Momentan etwas ins Hintertreffen geraten ist die Kombination Ausländer und Arbeitsmarkt: Hieß es nicht lange Zeit, dass der Ausländer dem Deutschen die Arbeitsplätze wegnimmt?! Ins richtige Licht rückt diese Beobachtung allerdings erst neben der weit verbreiteten Überzeugung, der Ausländer wolle gar nicht arbeiten und wenn er erst mal hier ist, dann nutze er schamlos die Leistungen des deutschen Sozialstaats aus und kassiere Sozialhilfe und Kindergeld. Und weil wir schon dabei sind: Kinder kriegt er auch mehr als der Deutsche, was erstens kurzfristig zum Verfall unseres Bildungssystems und zweitens langfristig zur Überfremdung Deutschlands führt.

Lassen wir es an dieser Stelle mit den allgemein gehaltenen Aufzählungen bewenden. Sie ließen sich seitenlang fortführen. Aber die kurze Darstellung sollte genügen, um die Breite und Tiefe dieses Feindbilds zu verdeutlichen. Wenden wir uns jetzt den verschiedenen Weisen zu, in denen dieses Feindbild dekliniert werden kann. Man kann hier grob gesprochen unterscheiden zwischen einer verblümten und einer unverblümten Variante. Die unverblümte Variante lässt sich am Stammtisch (➔ s. dort) beobachten, die verblümte eher auf Kirchentagen oder bei interkulturellen Stadtteilfesten.

Betrachten wir zunächst die unverblümte Variante. Wenn Politikern im Wahlkampf nichts mehr einfällt, dann nehmen sie sich des Themas Ausländer an. Unübertroffen in dieser Hinsicht unsere südöstlichen (sic!) Nachbarn, die Österreicher. Dort hat vor ein paar Jahren der lautstarke Jörg Haider auf Anhieb einen beachtlichen Anteil der abgegebenen Stimmen bei den Nationalratswahlen erzielt, weil er wie ein Berserker auf die Ausländer geschimpft hat. (Die Partei seines schweizerischen Gegenstücks Blocher ist sogar stimmenstärkste Partei.) Die Stammtischbrüder und -schwestern haben ihn dafür johlend auf den Schild gehoben. Leider fiel seinen Parteigenossen (samt seiner Schwester als Ministerin) dann in der Regierung auch nichts anderes ein und so musste er sich sang- und klanglos wieder von der großen Politik verabschieden und sitzt jetzt als Dorfkaiser in Kärnten, einem kleinen österreichischen Bundesland, umzingelt von Slowenen und Italienern, wo er weiter vor sich hin schimpft. Hierzulande kriegen solche Schreihälse – Gott sei Dank! – nur wenige Stimmen. Dafür haben wir im Vergleich zu den Österreichern mehr ausländerfeindliche Straftaten, bei denen »richtige« Ausländer Schaden an Leib und Leben nehmen. Das mag einer verstehen. Wenn Sie selbst Ausländer, schlimmstenfalls auch noch als solcher erkennbar sind und diese Zeilen lesen, dann rate ich Ihnen, halten Sie sich fern von den jungen Bundesländern im Osten, dort kann Ihnen wirklich Schlimmes widerfahren.

Uneingeschränkt empfehlen hingegen kann man jene Orte, an denen die verblümte Variante des Feindbildes gepflegt wird. Dort nimmt das Unbehagen gegenüber dem Ausländer die Form fürsorglicher kultureller Belagerung an. Direkte Köperverletzungen sind nicht zu befürchten. Am Ausländer tritt dabei das Moment des Exotischen oder auch Dekorativen in den Vordergrund. Immer wieder gerne genommen afrikanische Frauen in der bunten Tracht ihrer Heimatländer, die über ihr Leben in der Subsahara erzählen. Treten sie in Gruppen auf, können sie als Chor für die musikalische Untermalung von Gottesdiensten sorgen. Türkinnen auf Stadtteilfesten hingegen werden fürsorglich von den Frauen aus dem Bauchtanzkurs umlagert. Folklore schafft feiertägliche Fröhlichkeit. Im Alltag sieht es dann wieder anders aus. Das Kopftuch der Muslima geht auch – und gerade – den Aufgeklärten zu weit.

Man sieht, der Ausländer als Symbol des schlechthin Anderen ist vielfältig einsetzbar. Im Angesicht einer immer unübersichtlicher werdenden Welt kann er in seiner Fremdartigkeit sogar Trost spenden, denn spiegelt sich nicht in ihm auch die existenzielle Verlorenheit, auf die wir alle hinsteuern?! Das ist keine philosophische Wortblase, wie das vom Autor belauschte Gespräch zwischen einem bayerischen Bahnarbeiter und seinem offensichtlich südländischen Kollegen an einem zu warmen Frühlingsabend in der Halle des Münchner Hauptbahnhofs belegt. Besorgt redete der Einheimische auf den Ausländer ein, dass es seit Wochen nicht geregnet habe. Schuld sei das Klima. Das ändere sich jetzt und das sei schlecht. Aber, so fügte er hinzu, du kennst des ja, bei dir ist's ja immer so, für dich ist das ja nix Besonderes. Da regnet es ja auch nicht. Da huschte über das Gesicht des ausländischen Bahnarbeiters, der den Untergangsfantasien seines deutschen Kollegen mit stoischer Ruhe zugehört und gelegentlich mit dem Kopf genickt hatte, ein mildes Lächeln, das den bayerischen Untergangspropheten ganz plötzlich zu beruhigen schien: Ja mei, da kann ma halt auch nix machen. Schau mer halt a mal. Dann fuhr der Zug ein, ein Eurocity aus Zagreb.

Der Kriminelle

Kaum waren seinerzeit in diesem unseren Lande die letzten Reste der Roten-Armee-Fraktion – gesponsert sowohl aus der DDR als auch vom palästinensischen Terrorismus und bekämpft und unterwandert von allen Geheimdiensten der Welt – in den Hochsicherheitstrakten der Gefängnisse des Rechtsstaats verschwunden und die Revolution gerade noch mal abgewendet, da regte sich nach dem Sieg des Westens über den Kommunismus das Böse in neuem Gewand. Jetzt hieß es Russenmafia. Ein Amalgam aus Ex-KGB-Agenten, sibirischen Dunkelmännern und Drogenbaronen schickte sich an, den zivilisierten Westen zu unterwandern. Als weitere Spielarten tauchten auf aus dem Dunklen: die chinesischen Triaden und die kolumbianischen Koksbuben vom Kartell aus Medellin und ganz gewagte Deuter des Menetekels sahen sie alle zu einer krakenartigen, integrierten kriminellen Weltgesamtverschwörung vereinigt. Gegen diese von TV-Experten diagnostizierte Kriminalitätswelle (→ Der Experte) wirkte die katholische Kirche samt Opus Dei wie ein Drittliga-Amateurverein.

Also fürchten wir uns: Es blühen der Organhandel, die Korruption, der organisierte Edelkarossenklau, der Menschenhandel zum Zwecke der Zwangsprostitution, der Drogenhandel und die Geldwäsche, die Schwarzarbeit, der Schmuggel mit spaltbarem Material und die Schutzgelderpressung. Das wäre die Abteilung der von außen kommenden kriminellen Gefahren (→ s. auch Der Ausländer). Im Inneren aber geht es nicht minder drunter und drüber: Hier werden Kinder misshandelt, nach der Geburt in Blumentrögen vergraben, hier wird von Zahn- und anderen Ärzten routinemäßig bei der Abrechnung betrogen, die öffentliche Hand von Bau- und Betonkartellen um Millionenbeträge überteuert mit einstürzenden Neubauten versorgt, und dank der Vielzahl betrügerischer Konkurse blüht ein schwunghafter Handel mit gebrauchten Luxusyachten in Steuerparadiesen wie Monte Carlo.

Und wer zahlt die Zeche? Wir! Sie und ich, liebe Leser! Unsere Kinder werden von den türkischen Straßenhändlern vor dem Schultor mit Crack versorgt, unsere Autos landen in Polen, und wer weiß, von welchem indischen Bettler die Niere stammt, die wir uns einpflanzen lassen. Und daher muss durchgegriffen werden, hart und konsequent. Daher brauchen wir härtere Strafen und konsequentere Methoden der Bekämpfung. Innenminister aller Länder vereinigt euch und rettet uns vor dem Bösen! Aber ehe man sich's versieht, haben die globalen Bösewichte schon wieder ihr Gewand gewechselt. Jetzt heißen sie Islamisten und stellen Koffer mit Sprengstoff in unseren Bahnhöfen und Flughäfen ab, die sie vorher in ihren Moscheen nach Bauplänen aus dem Internet mit einem handygesteuerten Zeitzünder versehen haben. Deswegen brauchen wir Videoüberwachung auf diesen öffentlichen Plätzen, eine Kontrolle des Telefonverkehrs, die umfassende Beobachtung des Islam und die Trojaner der Polizei im Internet. Letztlich ist es vermutlich nur eine Frage der Zeit, bis das Böse in neuer Verkleidung auftaucht. Im Moment tut es noch der Taliban, der ja auch mit dem Drogenhandel zusammenhängt – der schwarze Afghane, die Älteren erinnern sich noch.

Allerdings, wir erwähnten es bereits, ist es nicht nur das mehr oder wenige schlecht organisierte Verbrechen, das uns zu schaffen macht. Auch vor unseren Türen blüht das hausgemachte Übel. Es nimmt die Form von Schmutz, Verwahrlosung und Vandalismus an (→ Die neue Unterschicht). Es wird geklaut, was nicht niet- und nagelfest ist, eingebrochen in Wohnungen und Autos, und wer nachts allein auf der Straße oder in Bussen und Bahnen unterwegs ist, der setzt sich der Gefahr aus, Opfer rücksichtsloser Rechtsradikaler zu werden, besonders in der Ex-DDR. Gewarnt werden sollte auch vor Fremden an der Wohnungstüre, dreiste Trickdiebe mit immer neuen Maschen ziehen mit Vorliebe älteren, allein lebenden Mitbürgerinnen das Geld aus der Tasche.

Daher gilt: Wehret den Anfängen, denn wenn sich das Verbrechen erst einmal festgesetzt hat, dann wird es immer frecher und der Kriminelle kennt keine Zurückhaltung. Also lieber misstrauisch sein und vorsichtig. An den Wohnungstüren den Einbruchsschutz und in den Autos die Alarmanlagen anbringen. Abends nie ohne Pfefferspray auf die Straße und schlecht beleuchtete und beleumundete Orte immer meiden. Verdächtiges melden, und den Anordnungen der Sicherheitskräfte Folge leisten.

Das Beste wäre im Angesicht all dieser Gefahren wohl, man bliebe in seinen vier Wänden und genösse das Verbrechen nur mehr im Fernsehen. Denn dort findet es auch die meiste Zeit statt. Hier kann man sich darauf einstellen, wann der nächste Mord passiert. Ein Blick ins Programm genügt und Fernsehkommissare sorgen nach der Tagesschau für unsere Sicherheit. Denn in kriminalistischer Hinsicht bilden wir uns hauptsächlich mit Tele-Lernen fort. Am schönsten ist das Verbrechen immer noch im Reality-TV, und auch wie Kinderschänder, Geldwäscher und Menschenhändler ihr Unwesen treiben, erfahren wir hier im Detail und in Großaufnahme. So richtig selbst zu Opfern von Dramen wie im

Fernsehen werden die wenigsten. Aber fast jeder kennt einen, der einen kennt, der dem Bösen in der Form einer richtigen Straftat schon mal begegnet ist.

Wenn man es allerdings genau und die Buchstaben der Strafgesetze beim Wort nähme, dann könnte man weitaus mehr Erfahrung mit Kriminalität machen. Denn Gesetze übertreten und sich strafbar machen ist einfach. Es beginnt bei der nicht angemeldeten Putzfrau ohne Arbeitserlaubnis, setzt sich fort über die kreative Gestaltung der eigenen Steuererklärung und endet bei der klammheimlichen Entsorgung von Giftmüll in der Papiertonne hinterm Haus. – Oder bringen Sie gebrauchte Batterien und Tonerkassetten immer zum dafür vorgesehenen Depot beim Händler? (→ Die Mülltrennerin) Steckt nicht in jedem von uns ein Kleinkrimineller? Und – Hand aufs Herz – wer hat noch nie in seiner Fantasie eine schwere Körperverletzung begangen an fiesen Vorgesetzten, sogar einen Mord an untreuen Ehemännern und lästig gewordenen Partnerinnen, oder auch nur einen dieser renitent langsamen Autofahrer, die partout nicht von der linken Spur weichen wollen, bei 160 in die Leitplanke gedrängt?!

Mit solchen Überlegungen sind wir schon mitten in der feindbildtheoretischen Feinanalyse. Denn es ist ja immer wieder die nach außen gewendete Furcht, auch die vor uns selbst, mit der wir unsere Feinde am Leben halten. Der eigentliche Kriminelle, wie er in der freien Wildbahn vorkommt, ist meist eine arme Sau: Ein Jugendlicher, der vor anderen den Starken mimen muss, verprügelt einen Kleineren und schon haben wir wieder eine Körperverletzung. Ein Arbeitsloser, dem die Kohle ausgeht, greift in seiner Verzweiflung zitternd und mit vorgehaltener Wasserpistole in die Kasse vom Drogeriemarkt und fertig ist der Raubüberfall. Und irgendein von Pech oder Gier verfolgter Jungunternehmer macht ein paar Luftgeschäfte in der Hoffnung, damit den Hals aus der Schlinge der Gläubigerbanken zu ziehen – wird dann verbucht als Betrug. Soll man sich nun vor diesen Pappkameraden fürchten? Meist läuft irgendwo irgendwas schief und mangels anderer Möglichkeiten geht's dann mit krummer Tour auf die schiefe Bahn. Hinzu kommt das Pech, erwischt zu werden und in die Fänge der Justiz zu geraten.

Wer hier nun meint, das sei eine falsche Bagatellisierung, dem kann man nur entgegnen, dass der Großteil der Kleinkriminellen eben nur Bagatellen zustande bringt. Und als Warnung seien all jene, die von der zunehmenden Verrohung und Gewalttätigkeit reden, daran erinnert, dass die meisten und wirklich üblen Gewalttaten hinter, nicht vor den Türen der Privatwohnungen stattfinden. Und die größten Einkommens- und Vermögensschädigungen werden hinter den gepolsterten Türen von Konzernzentralen, internationalen Politiker-Zusammenkünften, Regierungsklausuren und Verwaltungsgremien ausgeheckt.

Der Kriminelle, das wusste schon der alte Hegel, ist genaugenommen eine Fiktion. Was, so räsoniert er in seiner Rechtsphilosophie vor sich hin, macht denn den Mörder, der auf dem Weg zum Galgen ist, aus: Gut, er hat einen anderen umgebracht, das wollen wir nicht leugnen. Aber war das nicht nur ein kurzer Moment seines Lebens? Das Recht und alle, die ihn auf diesem letzten Weg beobachten, sehen nur das Mörderhaft-Monströse an ihm. Dabei war er die meiste Zeit mit anderen Dingen beschäftigt, hat gelebt wie alle anderen auch, hat geliebt und gelitten und war ein Mensch, der seinen Geschäften und Trieben nachging – das sollte man bitte nicht vergessen, mahnt uns der Philosoph. Auch wenn man sein Gehirn aufschneidet, man wird dort kein durchgebranntes Mordzentrum finden. Die richtig bösen Buben gibt es, wie die richtig guten Menschen auch, nur als konstruierte Figuren, früher in Büchern, heute im Fernsehen – und dort sollten sie auch bleiben.

Zweite Abteilung:
Die man uns vorführt

Manche Feinde haben eine pädagogische Aufgabe. Man zeigt sie uns, oder wir zeigen sie uns gegenseitig, um das richtige vom falschen Verhalten zu trennen. Sie dienen als leuchtende Belege, als drohende und abschreckende Beispiele dafür, wie es nicht geht, was man nicht tun sollte, und wie es einem ergehen kann, der die wohlgemeinten Ratschläge für ein Leben als braver Bürger in den Wind schlägt.

Natürlich haben wir – cool und sophisticated – längst gelernt, solche Vorführungen mit dem gebührenden Misstrauen zu betrachten. Sind die großen Wasserprediger nicht häufig, die – allerdings heimlich – maßlosesten Weintrinker? Volkstümlicher: Die größten Kritiker der Molche waren früher selber solche. Noch volkstümlicher: Junge Hur – alte Betschwester. Oder will uns gar jemand Angst und Abscheu machen, damit wir selbst fleißig, ängstlich und sonst nützlich bleiben sollen?

Begeben Sie sich also mit uns in das Horrorkabinett der Figuren, die man uns vorführt und begrüßen Sie mit gebotenem Ernst den Sozialhilfeschmarotzer und sein kulturelles Umfeld, die Neue Unterschicht. Wir gehen dann weiter zu jenen Figuren, die das Thema Arbeit und Mühe repräsentieren: den Beamten, und zum Abschluss werfen wir einen Blick auf diejenigen, die angeblich daran schuld sind, dass wir nicht so reich sind, wie wir es gerne wären, die Heuschrecken des internationalen Kapitals. Voilà.

Der Sozialhilfeschmarotzer

Man erkennt ihn am frisch gewienerten Mercedes vor der für seine Verhältnisse überdimensionierten Sozialwohnung und einer für die Jahreszeit unangemessenen Urlaubsbräune, den Sozialhilfeschmarotzer. Er lebt von den Leistungen unseres (!) Sozialstaats, kassiert Unterstützung, Mietzuschüsse und heimst geldwerte Vorteile ein, die er sich unter Vorspiegelung falscher Tatsachen erschleicht. Er arbeitet nicht, oder wenn, dann schwarz und zahlt keine Steuern. Wenn er Kinder hat, erhält er auch noch einen erklecklichen Betrag aus der Familienfürsorge. Den aber investiert er nicht in die Zukunft seiner Brut, sondern in ein paar Leichtmetallfelgen für seine gebrauchte S-Klasse. Der Schaden, den er anrichtet, trifft die Ehrlichen und Arbeitsamen mehrfach. Er zockt ab und schädigt die Solidargemeinschaft, trägt nichts zum Bruttosozialprodukt bei, wo doch die Wirtschaft wieder mal händeringend nach Arbeitskräften sucht, und er ist allen ein schlechtes Vorbild, ganz besonders seinen Kindern. Die lernen nie, dass man für sein Geld arbeiten muss. Dafür haben sie bald alle Tricks drauf, wie durch geschickt ausgefüllte Vordrucke der elterliche Beitrag zur Klassenfahrt und das Büchergeld von der Schule übernommen werden.

Gott sei Dank gibt es die kritischen Aufpasser in den Medien, die ihm früher oder später auf die Schliche kommen. (Die Bürokraten in den Amtsstuben, die für die Verteilung der staatlichen Wohltaten zuständig sind, merken ja ohnehin nichts, sind ja alles → s. Der Beamte.) Wenn die Presse ihn entdeckt, dann heißt er Florida-Rolf oder Viagra-Kalle. Sein unverdientermaßen aus Staatsgeldern finanziertes Luxusleben wird von den Reportern akribisch ausgeleuchtet und abfotografiert. Man sieht ihn sich in der sozialen Hängematte räkeln und der Bundestag tritt in der folgenden Woche zu einer Sondersitzung zusammen, um die Schlupflöcher in den Sozialgesetzbüchern zu stopfen, durch die solche Figuren sich immer wieder an die Geldtöpfe des Staats heranschwindeln. Nicht mit uns!

Bei den ökonomisch Belesenen heißt dieser Typ Trittbrettfahrer oder Free Rider, einer der es versteht, die eherne Maxime »There is no such thing as a free lunch!« für sich außer Kraft zu setzen. Wird er enttarnt, dann übernimmt er für die Aufrechterhaltung der öffentlichen Moral eine wichtige Funktion. Denn über ihn ist gut Erregung anheizen. Dank dieser Figur ist besonders den Lesern der Four-Letter-Presse der Unterschied zwischen den bemitleidenswerten und den hinterhältigen, den schuldigen und den unschuldigen Armen zu vermitteln. Und der nachhaltige Entzug aller Leistungen nebst saftigen Rückzahlungsforderungen, Pfändungen von Farbfernsehern, Heimkinoanlagen und Kündigung der sowieso unberechtigt bewohnten Wohnung soll allen eine Lehre sein, die es ihm gleichtun wollen. Soll er sich in Zukunft den Vorstandsvorsitzenden der Deutschen Bank zum Vorbild nehmen, der im Interview befragt zum Thema Luxus meint, »eine Yacht käme ihm nicht ins Haus«.

Denn: wo kämen wir denn hin, wenn ein jeder nur auf seinen Vorteil bedacht wäre. Also genau genommen, wenn ein jeder, dem es nicht zusteht, darauf bedacht wäre. Nein, noch anders: wenn ein jeder dort, wo es verboten ist, auf seinen Vorteil bedacht wäre. Oder vielleicht, wenn ein jeder, ohne Arbeitsplätze zu schaffen (oder zu erhalten oder nur im notwendigen Umfang abzubauen) nur auf seinen Vorteil bedacht wäre.

Jedenfalls, so geht es nicht. Bräche doch alles zusammen, wenn alle das so machten. Es ist auch kein Wunder, dass der Sozialstaat in die Krise schlittert, wenn er von solchen Figuren hemmungslos kannibalisiert wird. Wozu gibt es denn Gesetze, wenn sich keiner dran hält?! Da muss hart durchgegriffen werden. Wenn die Möglichkeit zum Missbrauch von Sozialleistungen besteht, und diese – so steht zu vermuten – auch massenhaft genutzt wird, dann sind die Kontrollen noch zu lax, die gezahlten Sätze der Sozialhilfe zu hoch. Selber schuld. Wir machen es ihnen zu einfach. Weiß man denn, ob die wirklich alle so bedürftig sind, wie sie sich darstellen? Vielleicht wäre es besser, wenn man jeder dieser Figuren erst mal genau auf die Finger schaut und ihnen mit der gebotenen Vorsicht begegnet. Zudem: selbst die vormals führenden kritischen Köpfe der Republik weisen immer wieder darauf hin, dass Armut und Bedürftigkeit sehr relative Begriffe sind. Wenn das Durchschnittseinkommen in unserem Land bei einer Million im Jahr läge, dann wäre nach den Buchstaben des Gesetzes ein jeder, der weniger als Vierhunderttausend verdiente, arm. So kann man zwar nur rechnen, wenn man von türkischen Lira redet, aber für ein zustimmendes Kopfnicken vonseiten derjenigen, die sich das Sozialschmarotzertum hierzulande nicht mehr länger gefallen lassen wollen, reicht es allemal.

Wie viel Geld dem Staat durch die Sozialschmarotzer verloren geht, das wissen die Experten (→ Der Experte). Ganze Forschungsabteilungen werden dafür bezahlt herauszufinden, wer was tut oder nicht auf und neben dem Arbeitsmarkt. Das Ergebnis sind dann die bekannten Zahlen der Arbeitslosen, Sozialhilfeempfänger, der Jugendlichen ohne Lehrstelle und der Alten ohne Aussicht auf Wiederbeschäftigung. Und zwischen diesen Gruppen versteckt sich der Sozialhilfeschmarotzer, mogelt sich durch Arbeitslosengeld I und II, lehnt zumutbare Jobangebote ab und versteht es immer wieder, sich an den Tropf der öffentlich fließenden Unterstützungen anzuhängen. Den anderen Befund, dass mehr als die Hälfte der Sozialleistungen, die den Leuten zustünden, gar nicht in Anspruch genommen werden, vernachlässigen wir lieber.

Irgendetwas stimmt da nicht mit unserer sozialen Marktwirtschaft. Ginge alles mit rechten Dingen zu, dann müssten sich private Laster bruchlos in öffentliche Wohltaten verwandeln, wie der alte Bernard Mandeville es in seiner Bienenfabel so schön formuliert hat. Folgte ein jeder nur seinen Interessen und suchte ganz egoistisch seinen Vorteil, dann sollte die Wirtschaft rund laufen und die Gesellschaft prosperieren. So tun es die großen Konzerne und die Mittel- und die Kleinbetriebe, die je nach Reichweite den Bürgermeister, den Landesfürsten oder den Bundeswirtschaftsminister (und am liebsten alle drei) für jeden der nicht in den Osten verlagerten oder gar (demnächst) neu geschaffenen Arbeitsplätze mit günstigen Grundstücken, Nachsicht bei Abfallbeseitigung und sonstigen Rückständen, Steuernachlässen und direkten Zuwendungen zahlen lassen. So tun es der Private Equity Manager in der deregulierten Finanzwirtschaft, der Terminkontrakthändler an der Börse oder der Gemüsemann in ihren Segmenten der Marktwirtschaft. Strikt auf ihren Vorteil bedacht, kaufen sie billig ein, um teurer zu verkaufen. Sollte es so nicht ein jeder machen? Bleiben allerdings diejenigen, die nichts zu verkaufen haben als ihre Arbeitskraft. Wenn es nun aber einem von denen gelingt, ohne deren Verkauf zu Geld zu kommen, dann nennt man ihn Sozialhilfeschmarotzer. Nun braucht es nur mehr ein bisschen subversive Fantasie und schon stünde der Sozialhilfeschmarotzer als einer da, der geschickt von einer Art Sozialstaatsdividende lebt. So wie der Besitzer eines Aktienpakets von der Dividende, die das Unternehmen, an dem er Anteile besitzt, ausschüttet. Aber das wollen wir hier nicht weiter vertiefen …

Am Ende wäre er der lebende Beweis dafür, dass es mit der sozialen Marktwirtschaft eben doch nicht ganz mit rechten Dingen zugeht. Vielleicht liegt hier feindbildtechnisch der Hund begraben. Es könnte ja sein, dass der Sozialhilfeschmarotzer entweder gar kein Schmarotzer ist, sondern ein rationaler Marktteilnehmer. Oder aber dass diejenigen, die nur ihre eigenen Interessen unter den Bedingungen unserer freien Marktwirtschaft verfolgen, selbst Schmarotzer sind und – vorausgesetzt, sie stellen es richtig an – davon leben, dass andere etwas tun, wovon sie dann profitieren. Hinweise auf die schillernden Ursprünge des Schmarotzers finden sich schon bei den Gebrüdern Grimm, die uns in ihrem ausführlichen Wörterbuch der Deutschen Sprache von 1899 lehren, dass als Schmarotzer auch der knausrige Mensch bezeichnet wird: »Doch wisst ihr lieben Christen frey, dass das nicht meine Meinung sey, dass ihr mit eurem Bier und Wein, sollt lausige Schmarutzer sein, und jedermann in ehr und not, versagen euer liebes brot.« Vielleicht brauchen wir einfach ein neues Wort – oder vielleicht auch nur ein anderes Wirtschaftssystem, damit die Welt wieder zu den Worten passt.

Die neue Unterschicht

Vor nicht allzu langer Zeit träumte diese Gesellschaft den kurzen Traum von der immerwährenden Prosperität. Es ging kontinuierlich bergauf, die Löhne stiegen, der Staat verteilte großzügig seine Einnahmen und man ging davon aus, dass wir – so nannten es die Soziologen damals – auf eine nivellierte Mittelschichtgesellschaft zusteuerten. Alle sorgten sich um die verbliebenen Reste der Unterschicht, die Armen und Benachteiligten. Bildung und Unterstützung sollten für alle da sein, damit ein jeder in den Genuss des sprudelnden Reichtums käme und seinen gerechten Anteil am Fortschritt habe.

Das Erwachen aus diesem Traum vollzog sich in kleinen Schritten und nahm im öffentlichen Reden die Form eines grimmigen Realismus an. Schluss mit lustig und aus mit überschießenden utopischen Plänen von der allumfassenden Gerechtigkeit. Wie aus dem Nebel tauchte in dieser Zeit ein neues Feindbild auf: die neue Unterschicht. Das heißt, zunächst war es noch kein richtiges Feindbild, sondern das Sorgenkind warmherziger Sozialstaatsapostel. Evangelische Forschungsinstitute und Heiner Geißler, damals noch Generalsekretär der CDU, entdeckten eine bisher öffentlich nicht sichtbare Form von Armut: Menschen, die dauerhaft nicht aus ihrer prekären Situation herauskamen. Anfänglich machte man sich noch Sorgen um diese Gruppe, sah in ihrer Existenz einen Schandfleck des auf All Inklusion setzenden Sozialstaats. Aber das änderte sich schnell, als Gerhard Schröder an die Regierung kam und sein Freund Peter Hartz das Steigen der Arbeitslosigkeit auch nicht verhindern konnte: Es sei nun mal nicht die Aufgabe des Staates, die Doofen und

Armen durchzufüttern. Wer da unten lande, der müsse es sich selbst zuschreiben und sehen, wie er mit ein bisschen Fordern und Fördern wieder herauskomme.

Jetzt wissen wir, nachdem der Schleier rosaroter Utopien zerrissen ist, von den üblichen Feuilletonisten und sogar aus gewerkschaftsnahen Forschungen, dass es hierzulande Menschen gibt, die faul, dumm, vorlaut und daher zu Recht am unteren Ende der sozialen Leiter sind. Das Problem ist: sie pflanzen sich fort und zeugen lauter kleine faule, dumme und vorlaute Kinder, die später den Platz ihrer Eltern einnehmen. Oft steuern sie von klein auf die Karriere des Sozialhilfeschmarotzers (→ s. dort) an. Sie hängen einfach nur herum und pendeln zwischen Arbeitsamt, Schlichtwohngebiet und Fastfood-Restaurant. Wenn man ihnen Geld gibt, setzen sie es in Alkohol oder ungesunde Fertignahrung um (→ Der Hamburger). Wenn sie keines haben, schlagen sie ihre Frauen und Kinder, oder bestellen bei Quelle auf Kredit Flachbildschirme und DVD-Spieler, die sie dann nicht abbezahlen können. Die Angehörigen der neuen Unterschicht führen trotz geringen und unregelmäßigen Einkommens ein teures und ungesundes Leben. Es mangelt ihnen an Motivation und Einsicht. Triebaufschub kennt man dort nicht und Verzicht wird nur zwangsweise geübt, wenn alle Möglichkeiten zum Konsum ausgenutzt sind und kein Versandhaus mehr Kauf auf Pump und Ratenzahlung akzeptiert. Und so geht der Lauf der Geschichte vom Proletariat zum Prekariat, um dann beim Big-Mäc-mampfenden Kaloriat seinen gewichtigen Höhepunkt zu finden. Fragt man die Kinder nach ihrem Berufswunsch, dann antworten sie »Berufs-Hartzer«.

Im Gegensatz zum professionellen Sozialhilfeschmarotzer, der es drauf anlegt, still und unauffällig die letzten Annehmlichkeiten des Wohlfahrtsstaats zu genießen, neigt die neue Unterschicht zum Grellen und Lauten. Im Freibad führte das zu einer Änderung der Benutzerordnung. Ghettoblaster sind jetzt dort verboten. Was allerdings trotz Verboten nicht vermieden werden kann, ist der Müll, den diese Schicht an den von ihr bevorzugten Aufenthaltsorten gut sichtbar verteilt. Überquellende Papierkörbe voll leerer Pizzaschachteln und Bierdosen, Parkbänke garniert mit Bildzeitungsresten sind untrügliche Hinweise auf ihre Lagerplätze. Auch hohe Konzentrationen von Hundekot können als Anzeichen auf die Nähe der neuen Unterschicht gelten. Dank der Verbreitung von immer neuen Klingeltönen für das Mobiltelefon ist dies die erste soziale Schicht, die man auch hören, die man nicht nur am Geruch, sondern auch am Geräusch erkennen kann. Was ihnen völlig mangelt, sind Stil und Scham. Immer die buntesten Fummel vom Discounter, zu enge T-Shirts über Bierbäuchen und Leggings an Frauenbeinen, die man lieber nicht ohne Bekleidung sehen möchte. Bauchfrei zwischen Lurextop und Jogginghose lugt ein frisch tätowiertes Arschgeweih hervor. Dem Nachwuchs der neuen Unterschicht scheint der Gameboy an die Hand gewachsen zu sein und wenn man den Dunkelfelduntersuchungen glauben darf, gehören in diesen Kreisen häusliche Gewalt und Kindsmissbrauch in allen Varianten zum gängigen Zeitvertreib. Das Metall, das sie früher in die Kronen der Zähne investierten, piercen sie sich jetzt in die Weichteile, was weder ihrem Gebiss noch ihrem Erscheinungsbild gut tut.

Politisch ist die neue Unterschicht eine träge und ungebremste Masse. Sie interessiert sich für nichts außer den Fortgang der Daily Soap auf RTL. Daher treten Politiker dort auch immer wieder mal in Nebenrollen auf, um ihr Gesicht in diesen Kreisen bekannt zu machen. Bei geschickter und dem Niveau angepasster Inszenierung ist diese Schicht kurzfristig für jede Form populistischen Unsinns zu begeistern (→ s. auch Der Stammtisch).

Geld ist meist knapp. Hoffnungen setzt man auf Lotto-Sechser – als Erwachsener, oder eine Karriere im Superstarwettbewerb – als Jugendlicher. Wenn es mal für mehr als die Miete und das Bier reicht, weil sich beispielsweise im Nachtkästchen der verstorbenen Großmutter noch unerwartet ein Sparbuch mit tausend Euro fand, dann fliegt man in den Urlaub nach Mallorca. Dort ist man unter seinesgleichen und der einzige Unterschied zu daheim ist das tägliche Bad, bedingt durch die Nähe des Ballermann zum Strand.

Ein paar übrig gebliebene Linke sorgen sich um das Wohlergehen – oder vielleicht doch eher das Wohlverhalten – der neuen Unterschicht. Ganz Unverzagte hoffen sogar auf eine Politisierung des prekarisierten Pöbels und sehen ihn per Stimmabgabe für die Linkspartei auf dem Weg zum neuen revolutionären Subjekt. Aber das sind wohl vergebliche und antiquierte Hoffnungen. Für alle anderen ist die neue Unterschicht ein abschreckendes und natürlich auch bedrohliches Phänomen. Abschreckend weil sie so gar nicht unter ihren vermeintlichen Defiziten leidet, bedrohlich weil sie jedem vor Augen führt, dass man noch weiter absteigen kann.

Das wirklich Aufregende aber ist die oft als Schamlosigkeit kritisierte Selbstverständlichkeit, mit der die neue Unterschicht auftritt. Keine Hemmungen und kein schlechtes Gewissen, keine Reste bürgerlicher Scham oder empfundener Peinlichkeit im Angesicht der eigenen Defizite. Sie sind wie sie sind und sie finden nichts dabei. Es gibt auch nichts, was sie aus ihrem kulturellen Umfeld, gut gepolstert mit den bunten Angeboten aus tausend Fernsehkanälen, herauslocken könnte. Das macht diese Lebenswelt so interessant. Die einzig verbliebenen Verbindungen zum Rest der Welt sind das Fernsehkabel und die Satellitenschüssel auf dem Balkon. Tausend Kanäle für dreißig Euro. Jedes Angebot lässt sich sofort wechseln. Die wirklich souveränen Konsumenten sind die Angehörigen der neuen Unterschicht. Denn sie haben nichts, was sie in ihren Entscheidungen behindern könnte, weder innere Hemmungen noch äußere Verpflichtungen. Schon die Popmusik wusste: Freedom is just another word for nothing left to lose. Sie hängen nicht am Geld, sie geben es aus, wenn es da ist. Sie konsumieren, was man ihnen anbietet, denn etwas anderes gibt es für sie nicht. Sie machen sich keine Gedanken über die Zukunft, denn sie kennen keine. Sie kümmern sich nicht um das, was die anderen tun, denn die kümmern sich auch nicht um sie. Sie verfolgen kein langfristiges Projekt, denn Leistung lohnt sich nicht. Was zählt, ist Erfolg und der ist ihnen jenseits der Welt des Fernsehens ohnehin verwehrt.

Und so wird in der neuen Unterschicht wie in einem Zerrspiegel auch das Dilemma derjenigen sichtbar, die auf sie herabschauen. Damit bildet sie die Projektionsfläche für die Ängste all derer, die noch Glück hatten (→ Der Prada-Proll). Wahrscheinlich ist das, was man der neuen Unterschicht zuschreibt, die Eigenschaften, die man ihr medial andichtet, die Defizite, die man ihr austreiben möchte, nur schlecht kaschierte Selbstkritik, geboren aus der Angst um die eigene Existenz. Und besorgt fragt man sich in den Parteizentralen: Soll man da noch auf Stimmenfang gehen, oder gleich neue Gefängnisse bauen und damit den Applaus der Neuen Mitte einheimsen bei der nächsten Stimmabgabe?

Der Beamte

Beamte waren lange Zeit die Blondinen der Berufswelt. Wohl kaum eine Berufsgruppe ist dermaßen häufig Ziel des Spotts wie die auf Lebenszeit beschäftigten Staatsdiener. Das klingt dann so: Was ist der Unterschied zwischen Holz und einem Beamten? – Holz arbeitet. Wie kommen diejenigen, die letztendlich unser alle Angestellte sind – denn: L'Etat sommes nous! –, zu ihrem schlechten Ruf? Vielleicht hat der Bürger, wie jeder andere Chef auch, prinzipiell eine schlechte Meinung von seinen Angestellten: Sie kosten zu viel, arbeiten zu wenig, verfügen über ungerechtfertigte Privilegien und betrügen ihren Vorgesetzten, wo immer es geht.

Wäre es also an der Zeit, dass in die Amtsstuben auch mal der frische Wind des neuen Angst- und Konkurrenzregimes weht, der den Rest der Arbeitswelt bereits entstaubt hat?! Hält sich dort in manchen Nischen doch noch ein beinahe wilhelminisch anmutendes Ethos. Dort heißen Pflicht, Gehorsam und Hierarchie noch Pflicht, Gehorsam und Hierarchie und nicht Selbstmotivation, vorausschauende Empathie und Teamwork zur Erreichung vorgegebener Quartalsziffern. Und das Ganze im Rahmen eines unkündbaren Arbeitsverhältnisses unterfüttert mit gesicherten Ansprüchen auf regelmäßigen Urlaub, Beförderung und Sozialleistungen, die in der richtigen Arbeitswelt längst der Vergangenheit angehören. Am Ende der Karriere steht die Frühpensionierung bei fürstlichen Bezügen auf die verbleibende Lebenszeit.

Beamte kennen wir für gewöhnlich in drei Varianten: als Schulmeister, als Polizist und Sachbearbeiter in Finanz-, Melde-, Führerschein-, Sozial- und sonstigen unangenehmen Behörden. Im Feindbild sind sie männlich, dicklich und können nicht Maschine schreiben. In Wirklichkeit stammen sie heute in Ton und Benehmen nicht mehr von Unteroffizieren ab, sondern von besserwisserischen und verweigernden Tanten. Männlich wie weiblich können sie von uns aber nach wie vor Unterwerfung verlangen, die sie benoten und häufig als nicht ausreichend empfinden. Dann müssen wir uns noch mehr anstrengen, ihre penibel formulierten Anforderungen zu erfüllen. Kein Wunder, dass wir sie verspotten und beschimpfen müssen, sobald wir dem Amt glücklich entkommen sind.

Die schönsten Beispiele für das Beamtenbashing finden sich in jenen Bereichen, in denen aufgrund der auszuübenden Tätigkeit Eigeninitiative, Engagement und persönlicher Einsatz gefordert wären. Nehmen wir die Lehrer: Ferien wie die Schulkinder und im Angesicht von drei Legasthenikern auf dreißig Kinder überfordert – Burnout mit Ende vierzig und dann ab in den Ruhestand nach dreijährigem Krankenstand Anfang fünfzig. Oder die verbeamteten Geistesgrößen in unseren Universitäten. Wer dort nach dem Studium so lange ausharrt, bis er den Sprung vom prekären Mittelbauern in die Riege der daueralimentierten Professoren schafft, der ist meist schon dermaßen weichgekocht in der Birne, dass ihm nix Originelles mehr einfällt. Es ist vermutlich kein Zufall, dass die Herren Marx, Darwin und Freud, um nur mal die bekannteren zu nennen, es nicht zum Status des verbeamteten Professors gebracht oder sich gleich gar nicht um ihn bemüht haben.

In anderen Ämtern sieht es ähnlich aus. Wer beim Finanzamt über den Rand der auszufüllenden Kästchen hinausschauen und eigenständig Zusammenhänge erkennen kann, bei dem klingelt irgendwann das Telefon. Am anderen Ende ist dann die Personalabteilung eines der Großunternehmen, dem dieser Ausnahmebeamte auf die Finger geklopft hat. Mit einer Verdopplung ihres Gehalts geködert, wechseln solche evolutionären Ausreißer dann die Seiten und verstärken das Heer derjenigen, die dem Fiskus ganz legal einen Großteil seiner Steuereinnahmen vorenthalten. Gott sei Dank gibt es noch genügend unbedarfte und inkompetente Steuerberater, sonst müsste sich die Finanzbehörde gänzlich darauf beschränken, jene zu schröpfen, die sich gar nicht wehren können. Und die klügsten Polizisten sind jene, die ihren Dienst quittiert haben und in die Privatwirtschaft als Sicherheitsberater gegangen sind. Die anderen, die sich öffentlich darüber beschweren, wie gefährlich ihre Arbeit ist, sollten mal die Zahlen der Berufsunfallversicherung zu Rate ziehen: Hausfrauen verunglücken bei ihrer Tätigkeit öfter als Polizisten. Dafür sind sie aber auch nicht fest angestellt und kassieren für Putzen nach 18 Uhr und am Wochenende keine Zulagen.

Aber, in all seiner ärmelschonerischen Verstaubtheit ist der Beamte zugleich ein hochmoderner Typus. Er repräsentiert in fleischgewordener Form jene entpersönliche Unverantwortlichkeit, mit der uns heute zusehends die Maschinen entgegentreten: der Geldautomat, der Fahrkartenautomat, der Getränke-, der Tank- und der Zigarettenautomat. Auch die kennen nur ja oder nein, kein Vielleicht oder Es-kommt-drauf-an. Falscher Pin-Code – kein Geld. Keine passenden Scheine – keine Fahrkarte. Schacht leer – keine Zigaretten. Konnte man den Mann hinterm Schalter bestenfalls noch mit einem geldwerten Lächeln oder einer Rührgeschichte zu einer Amtshandlung bewegen, so weigern sich seine elektronischen Nachfolger stoisch das zu tun, was wir wollen, solange wir nicht genau das getan haben, was sie wollen. Eine Frage vom Touchscreen nicht beantwortet und schon erscheint in roter Schrift die Aufforderung: Geben Sie bitte ihren Berechtigungscode ein. Nach dem dritten vergeblichen Versuch dann: Transaktion abgebrochen. Wie lange brauchte es, einen Beamten so weit zu bringen, dass er mit dieser Präzision in 98 Prozent der Fälle reagierte. Wie viele Vorgesetzte, Formulare, Amtseide, Durchschläge, Stempel, Ablagen und Gegenzeichnungen durch Abteilungsleiter waren notwendig, bis der Gang der Dinge in dieses eherne Schema bürokratischer Berechenbarkeit gepresst war?!

Heute möchte man ihn fast bedauern. Denn dort, wo er seinen Klienten noch gegenübersitzt, im Einwohnermeldeamt, bei der Führerscheinbehörde oder in der Friedhofsverwaltung, ist er heruntergekommen zum Bediener eines Bildschirms. Hier sehen wir die ultimative Entleerung einer an sich schon wenig erfüllten Tätigkeit. Was bleibt, ist die Übertragung der Angaben, die man ihm von der anderen Seite des Schalters macht, in eine Bildschirmmaske. Auch die oben zitierten Lehrer und Professoren sind auf dem Weg dorthin schon ein gutes Stück vorangekommen. Sie machen modularisiertes E-Learning, lassen Multiple-Choice-Klausuren schreiben und rechnen nach Schablone nur mehr die Punkte zusammen. Aufnahmegespräche sind zu aufwändig: Es entscheidet der Wert des standardisierten Tests.

Feindbildtechnisch ist der Beamte ein höchst interessanter Fall, weil hier die Satire der weitblickenden Zeitdiagnostiker von der Realität der technischen Entwicklung längst eingeholt worden ist. Die Folge ist die Verkehrung vom Feindbild zum tragischen Helden einer versunkenen Epoche. Jetzt muss er sich, entkleidet aller Macht, die ihm daraus erwuchs, dass er in klitzekleinem Rahmen wichtige Entscheidungen treffen konnte, in Seminaren zur Verbesserung der Serviceorientierung herumtreiben. Muss in stickigen Schulungsräumen vor laufender Videokamera Rollenspiele machen. Die sollen ihn in die Lage versetzen, dem Bürger oder wie es neuerdings heißt, dem Kunden öffentlicher Dienstleistungen eine höhere Zufriedenheit zu verschaffen (die dann wiederum mit Fragebogen zur Kundenzufriedenheit abgefragt wird).

Was bleibt, ist der alljährliche Angriff auf die Lehrer, wenn im Sommer in den Medien das unidentifizierte Ungeheuer aus dem schottischen See auftaucht. Dann fällt die Presse über die Lehrer her, die angeblich zur gleichen Zeit wie ihre Schüler bei voller Bezahlung in die langen Sommerferien gehen. Gelegentlich erwischt es auch jene, die in der Stille ihrer Amtsstuben noch finanziell lukrative Entscheidungen treffen und sich diese für ihre Verhältnisse fürstlich entlohnen lassen. Die Zeche zahlt wie immer der kleine Mann, denn das Schmiergeld wird draufgeschlagen, wenn man den Auftrag der öffentlichen Hand erhält. Dann wird über die Korruption und italienische Verhältnisse geschimpft. Es erregt sich der Stammtisch (→ s. dort) und fordert die Einführung der Marktwirtschaft in den Amtsstuben oder lebenslange Freiheitsstrafe für bestechliche Beamten.

Einen gewissen Aufschwung hat das Feindbild des Beamten in letzter Zeit in der Form des Eurokraten genommen. So heißt der Beamte, wenn er in Brüssel arbeitet und von der Europäischen Gemeinschaft bezahlt wird. Steuerfrei! Dann gehört er zu jenen, die über die ordnungsgemäße Krümmung der Banane oder die Durchführungsbestimmungen

zur Ausführungsrichtlinie betreffend den Export von tiefge-
frorenen Schweinehälften in den Vatikan entscheiden. Aber
diesem Beamten tritt der Bürger nicht mehr am Schalter
gegenüber, ihn muss er nicht durch persönliches Erscheinen
um eine papierene Bestätigung seiner staatlich garantierten
Existenz angehen. Mit der Europäisierung ist der Beamte
unsichtbar geworden und zugleich allmächtig. Und das
macht, wie wir wissen, ein gutes Feindbild aus.

Die Heuschrecken

»Aber der Herr verstockte das Herz des Pharao, dass er die Israeliten nicht ziehen ließ« und schickte den Ägyptern in Zusammenarbeit mit Moses immer neue Plagen – die achte (von insgesamt zehn) sind die Heuschrecken. Außer aus der Geschichte aller Geschichten kennen wir Heuschrecken-plagen inzwischen auch als Naturkatastrophen aus den Nachrichten: Im fernen Afrika gibt es das immer noch. Wir kennen sie aber auch als Metapher für die skandalösen Praktiken der Hedgefonds. Der rührige sozialdemokratische Politiker Müntefering hat diese Kapitalfraktion so auf den Begriff, pardon: das Schimpfwort gebracht.

So wie der Herr den Ägyptern keine Wahl ließ, so hat auch Müntefering dazu beigetragen, die Geister zu rufen, die ihm dann – wahlkampftaktisch – nicht so recht passen wollten. Erst die rot-grüne Regierung hat Hedgefonds in Deutschland 2003 nämlich zugelassen, deren Abzocke er dann mit erhobenem Zeigefinger anklagt. In den Medien wurde er dafür gefeiert: »Kapitalismus-Kritik« war das Stichwort für seine mutigen Äußerungen, die auf einen »ordentlichen« Kapitalismus hinausliefen, einen, der Arbeitsplätze schafft statt sie, trotz hoher Profite, zu vernichten. Freilich ist seit Anbeginn des Kapitalismus bekannt, dass das Kapital kein Interesse hat, Arbeitsplätze zu schaffen, und dass auch sozialdemokratische Parteien so argumentieren, ist nicht mehr als Ausdruck des Niedergangs von Arbeiterbewegungs-Wissen. Aber um Wahrheit geht es in der Politik schon lange nicht mehr, nicht einmal mehr darum, ob wir auch nur ein Wort von dem irgendwie glauben, was uns da gesagt wird. Vielmehr lebt populistische Politik davon, uns griffige Feindbilder anzubieten. Die »Heuschrecken« bedienen ein uraltes Vorurteil: Sie sind eine Plage, die »uns« die Juden und ihr Herrgott schicken. Wir erinnern uns an das »raffende« im Unterschied zum »schaffenden« Kapital, und was mit »Ost-küsten«-Kapital gemeint ist, wissen wir auch. Dieser Tage heißt das globalisiertes Finanzkapital und Hedgefonds, aber gemeint ist immer noch dasselbe. Und Antisemitismus ist auch immer noch der Anti-Kapitalismus der dummen Kerls.

Die »Heuschrecken« sind aber auch Teil des gegenwärtig hegemonialen politischen Diskurses, der sich mit der Frage »Wer lebt hier eigentlich auf wessen Kosten?« zusammenfas-sen lässt. Und da ist das Angebot reichhaltig: Die Dicken aus der Unterschicht und die proletarischen Raucher belasten die Gesundheitskassen, wie sie neuerdings heißen, die Kin-derlosen – oder doch die Hausfrauenmütter, die ihre Zeit mit steuerbegünstigtem Shoppen verbringen? – lassen sich von den Karrieremüttern mitfinanzieren, bei »Hartz IV«-Empfän-gern (vormals unterteilt in Arbeitslose und Sozialhilfebe-rechtigte) schwingt ohnehin »Sozialschmarotzer« (→ s. dort) fast immer mit, wenn Politiker sie »fordern & fordern« wol-len. (Dass es mit dem »Fördern« nicht besonders gut klappt, geben sie längst selbst zu.) Das »Volk« wird als Belastung für den Staat und die Solidargemeinschaft wahrgenommen. Da gibt es eine rechtschaffene (neue) Mitte und die Störenfriede »unten« und, in Erscheinungsform der »Heuschrecken«, auch »oben«.

Populistische Politik tut genau das: Feinde »unten« und »oben« konstruieren. Früher waren das die Ausländer und die Ausländerfreunde, die sie zu uns reingelassen haben, obwohl das Boot doch längst voll war. Dass eine Fraktion der Wirtschaftselite zum Feindbild taugt, ist erst möglich, seit uns die Politik weismachen will, dass es die Wirtschaft schon richten würde, wenn man sie nur ließe. Mit dem alten Klassengegensatz, verbildlicht durch zwei untersetzte, zigarrenrauchende Herrn (Kapitalist vs. Gewerkschafter), hat das nämlich nichts mehr zu tun. Der Staat und die Bürokratie – so die kontrafaktische Behauptung – sollen zurückgedrängt werden, der Markt sorgt für den Aufschwung, ist zudem eine hochmoralische Institution und bringt damit auch Gerechtigkeit. Sicherlich: Die Manager müssten dazu ein wenig patriotischer handeln und ihre Gehälter müssten so exorbitant hoch nun auch nicht sein, wie es in Sonntagspredigten von Journalisten und Politikern gerne von der Kanzel schallt. »Heuschrecken« sind da natürlich ein gröberes Ärgernis. Sie machen unglaubwürdig, was an moralischen Appellen sowieso ungehört verhallt.

Ein amerikanischer Sozialwissenschaftler hat einen Vortrag auf einer deutschsprachigen Tagung kürzlich damit kommentiert, außer »Peanuts« habe er alles verstanden. Mit »Peanuts« wurde auf den seinerzeitigen Kommentar von Hilmar Kopper, damals Chef der Deutschen Bank, angespielt, der offene Rechnungen in Millionenhöhe im Zusammenhang mit der Schneider-Immobilien-Pleite so bezeichnet hatte. Das ist inzwischen fast vergessen: Ackermanns Victory-Zeichen im Mannesmann-Prozess hat das längst überlagert. Sie lassen sich einfach nicht belehren – die Bosse. Wenigstens in der öffentlichen Darstellung könnten sie ein wenig Zurückhaltung üben. Das könnten sie sich doch von Politikern abschauen, deren öffentliches Reden und deren Politik auf der Hinterbühne ja auch unverbunden nebeneinander existieren. Aber allen zum Trost: Die Feindbilder, die uns Politiker anbieten, sind eine patriotische, pardon: nationalistische Angelegenheit. Man kann nur davon abraten, »Heuschrecken« (engl.: »grasshoppers«) in einem Vortrag zu verwenden. Niemand – jenseits von Germany – würde verstehen, dass die politische Klasse hierzulande ihre eigene Politik durch solche Beschimpfungen zu rechtfertigen versucht.

Ach ja: Auf die Heuschrecken folgt im Alten Testament als neunte Plage Finsternis (drei Tage lang) und als zehnte die Tötung aller (ägyptischen) erstgeborenen Söhne und aller Erstgeburt unter dem (ägyptischen) Vieh. Von von der Leyens Kinder(krieg)feldzug hat Müntefering damals wohl noch nichts geahnt.

Dritte Abteilung: Feinde auf Gegenseitigkeit oder Feindbild und Spiegelbild

Kommen wir nun zu jenen, die entweder paarweise auftreten – hasst du mich, so hass ich dich, und zwar weil wir uns in einem ganz zentralen Punkt unterscheiden. Oder aber, ebenso erbaulich, die wie die Papageien in der Volière vor dem Spiegel stehen und wütend auf ihr Konterfei einhacken. Die also sich über andere beschweren, nur weil sie das tun, was alle machen, einschließlich des Beschwerdeführers. Sodann gibt es auch noch jene, die uns mit ihrer Penetranz bei der Verfolgung von an sich lobenswerten Zielen immer wieder vor Augen führen, was wir selbst auch tun sollten/möchten/müssten – aber nicht machen. Da empfiehlt es sich, diese schillernd-leuchtenden Vorbilder als Feindbilder zu sehen, sie zur Zielscheibe von Spott und Häme zu machen und damit davon abzulenken, dass man selbst schon seit Längerem eigentlich wieder mal etwas für sich, die Umwelt oder das Allgemeine Gute tun wollte, nur leider nicht dazu gekommen ist.

Es treten also auf das Duo Infernal Kinderlose und Brüter, sodann in nicht alphabetischer Reihenfolge, sondern einfach bunt gemischt: Der Tourist (immer der andere) und der Autofahrer (alles Trottel außer dem, der hinterm eigenen Steuer sitzt); die Mülltrennerin (als Mutter Courage des Dualen Systems), der Experte (der meint es noch besser zu wissen, der Trottel) und die Körperbetonten (wann haben Sie zum letzten Mal in den Spiegel geschaut?).

Die Kinderlosen und die Brüter

Sie stinken, sie schreien, schlafen nachts nicht durch, verschludern ihre Hausaufgaben und bleiben sitzen, während alte Frauen in der U-Bahn stehen müssen. Unsere Rente werden sie auch nicht zahlen und so fragt man also: wozu Kinder?! Am einfachsten ist es, sich gleich in eine jener luxuriösen neuen Wohnanlagen einzumieten, in denen Kinder, Hunde, Ausländer und andere Störenfriede und Rasenbetreter per Hausordnung verboten sind. So meckern die aufgefuschelten Prosecco-Ziegen im besten gebärfähigen Alter nach dem anstrengenden Shopping in der Tages-Bar. Derweilen tauschen in der gegenüberliegenden Grünanlage besorgte Mütter Rezepte für Breibeimischungen aus, die den Stuhlgang der Sprösslinge ökomäßig korrekt regulieren. Geraspelte Karotten und einen Schuss Rote-Rüben-Saft hat bei der Brut der einen Wunder gewirkt und so schreibt die andere emsig auf der Rückseite ihres Einkaufszettels mit, dessen Vorderseite die täglichen Notwendigkeiten von Alete bis Pampers auflistet. Missgünstige Blicke wechseln über die Straße hin und her. Hier Fuschelgetuschel, dort Müttermaulen – Feindseligkeit in jedem Fall und ein spiegelbildliches »Guck dir die an …«.

Die Argumente sind kosmetischer wie kultureller Art: Schwangerschaftsstreifen sind das Aaaallerletzte und dieser Watschelgang der Trächtigen – eine Mischung aus Kugelfisch und Seekuh. Vorbei die Zeiten, in denen man den Folgen der freitagnächtlichen Partyexzesse mit langem samstäglichen Ausschlafen vorbeugen konnte. Aufschlag Prosecco-Ziege – Return Muttertier: Denen fehlt doch völlig die Erfahrung des Frauseins, total reduziert auf Äußerlichkeiten. In fünf Jahren sind die auch durch und dann stehen sie da mit ihrem Schrank voller Fummel, die ihnen nicht mehr passen. Einsam werden sie sich von ihren Gigolos im Ayurvedaclub Attraktivität vorgaukeln lassen. Wenn unsere Kleinen dann schwimmen können, mieten wir im Urlaub ein Hausboot – zwei glückliche Familien mit Kindern in sommerlicher Idylle am ruhigen Fluss im Burgund.

Einstand. Das Match bleibt unentschieden und wird wegen vollgeschissener Windeln und leerer Gläser abgebrochen. Alle gehen ihrer Wege, die einen zum Friseur, die anderen in den Drogeriemarkt mit den Sonderangeboten für Babycreme in Sparpackungen.

Der Alltag der Brüter und Kinderlosen – nach wie vor ein Schicksal, das in erster Linie das Leben der Frauen betrifft – ist von gegenseitiger Missachtung und Ablehnung geprägt. Zum Glück gibt es die Politik, die hier in der Gestalt von – ebenfalls meist weiblichen – Ressortverantwortlichen für Jugend, Familie und Gedöns (Gerd Schröder, Ex-Kanzler und medial bekennender Vater) das kalmierende Wort ergreift. Stellt ein von regierungsamtlichen Experten (→ s. dort) verfasstes Gutachten wieder einmal fest, dass Deutschland im Vergleich zu Spanien, Schweden und der Schweiz auf der neuesten Skala der Kinderfreundlichkeit nur einen beschämenden vorletzten Platz belegt, dann haben die Talkshows ihr Thema und die Politiker ihr Forum. Verhandelt wird dann unter verschiedenen Titeln: Sterben die Deutschen aus? Oder aber: Deutschland – Kein Kinderland? Es hagelt Appelle und Statistiken und die Gemüter erregen sich, um von den politisch Verantwortlichen, die den Mund salbungsvoll nehmen, beruhigt zu werden. Ja, es stimmt, dass die Abteilungen für Katzenfutter in den Supermärkten größer sind als die für Kindernahrung. Ja, die deutsche Schäferhundehalteverordnung schreibt vor, dass ein Hund mehr Platz beanspruchen darf, als es der durchschnittlichen Größe eines Kinderzimmers entspricht, und leider geben wir mehr für den Bau von Autobahnen aus als für die Schaffung von Plätzen in Kindertagesstätten. Aber alles wird gut. Im neuen Programm »Vorwärts für Familien« der Bundesregierung sind folgende Maßnahmen vorgesehen ... – nach zwei Minuten unterbricht die Moderatorin die Aufzählung. Die Geburtenrate hat sich zwischenzeitlich nicht erhöht. Das gebärfähige Volk ist vor den Bildschirmen eingeschlafen, statt zur reproduktiven Großtat zu schreiten. Politikerreden jedenfalls scheinen kein Anreiz zum Kinderkriegen zu sein. In den luftigen Höhen der Sonntagsreden verliert sich die alltägliche Feindschaft zwischen den beiden Gruppen in gähnend langweiligen Gemeinwohlformeln. Da ist die Energiewirtschaft zu loben, die all jenen Eltern, die während des letzten großflächigen Stromausfalls im Dunkeln ein Kind gezeugt haben, einen Nachlass auf die Stromrechnung gewährt – vorausgesetzt er fließt.

Da kann vor Ort, wer dem Volk aufs Maul schaut, Deftigeres hören. Es wird nämlich die Kinderfrage zum kulturellen Prinzipienstreit verlängert und das Haben oder Nicht-Haben von Nachwuchs als Ausdruck diverser Unfähigkeiten gedeutet. Im Hintergrund hört man das Grummeln der beiden Grundmotive Sex und Besitz und immer geht es schön symmetrisch aus. Klassisch die spitze Bemerkung, man habe sich durch das Kind wohl den dauerhaften Zugriff auf den Vater sichern wollen, ohne diese Zementschuhe hätte der sich wahrscheinlich schon längst aus dem Staub gemacht. Im Gegenzug wird dann die Vermutung gestreut, die Kinderlose habe offensichtlich keinen abkriegen können, der bereit sei, diese Verpflichtung einzugehen – na ja, kein Wunder, schau sie dir doch an. Eine andere Variante verlängert die Frage je nachdem ins Ökonomische oder Philosophische. Ich will mir meine Freiheit nicht nehmen lassen, Karriere geht über Küche, Kirche, Kinder, denn ich bin eine moderne Frau. Von wegen, gibt die frisch gebackene Kindsmutter zurück: Die moderne Frau geht Verpflichtungen ein und erweitert ihren Erfahrungshorizont durch nichts besser und sinnvoller als durch das Aufziehen und vor allen Dingen Gebären von Kindern.

Ein gesondertes Kapitel wäre hier der Typus der Alleinerzieherin wert, jener Mater Dolorosa, die in einem Atemzug ihr Doppelbelastungs-Schicksal samt den verschwundenen Kindsvätern verflucht, um sofort darauf das hohe Lied der symbiotischen Autonomie in Freiheit mit den ihr verbliebenen Kleinen anzustimmen. Gefragt sind hier als symmetrische Feinde allerdings eher die Männer, denen aber meist nichts anderes einfällt, als kopfkratzende Ratlosigkeit in Anglizismen: Women?! Strange Cattle …

Besondere Häme lässt sich auch aus sozialen Motivzuschreibungen ziehen. Wenn's bei Nachbars schon wieder Nachwuchs gibt, dann ist schnell die Bemerkung bei der Hand: »Wie die Karnickel!«, wohingegen man den Double-Income-No-Kids-Paaren folgenlos droht, sie steuerlich zur Kasse zu bitten, weil sie die gesellschaftlich wichtige und individuell kostspielige Reproduktionsaufgabe anderen überlassen – egoistische, verantwortungslose Trittbrettfahrer, denen man zumindest über entsprechende Sonderabgaben das Handwerk legen müsste. Denn Kinder sollten die wirklich nicht kriegen, die würde ihrem Kind doch gleich nach der Geburt nur die Fingernägel lackieren und dann ins Kino gehen.

Gut kombinieren lässt sich diese spiegelbildliche Gegner-schaft auch mit anderen Feindbildern. Stillende Mütter können in Gegenwart von Rauchern (➔ s. dort) zu Furien werden und diese für den drohenden frühen Tod ihres Säuglings verantwortlich machen. Im Gegenzug ist die Mehrkindfamilie schnell und leicht in die Nähe der neuen Unterschicht oder der Sozialschmarotzer zu rücken (➔ s. dort). Und schließlich wurde das Thema: Kinder – Fluch oder Segen?! auch eine Zeit lang in verschiedenen Variationen von den Emanzen (➔ s. dort) moduliert. An den Männern aber gehen solche Diskussionen nach wie vor vorbei. Bekennende Väter ziehen bestenfalls das Foto ihrer Sprösslinge aus der Brieftasche und solange ein Mann nicht allzu offensiv und mit entsprechend verdächtigem Überbau sich mit den Aufgaben der Aufzucht seiner Brut in deren frühen Lebensjahren beschäftigt, läuft er auch nicht Gefahr, als Softie, Weichei oder sonstwie suspekt deformierter Zeitgenosse gesehen zu werden.

Enden wir auch hier mit dem Hinweis, dass bei allen Problemen wie immer ein Wirkstoff genügt, um alle Misslichkeiten aus der Welt zu schaffen und nehmen wir die derzeit amtierende Familienministerin als Beispiel. Frau von der Leyen und ihr Gatte haben weitaus mehr Kinder als das übliche Durchschnittsehepaar. Beide sind darüber hinaus berufstätig und im Fall der Mutter sogar öffentlichkeitswirksam im Rampenlicht dauernd unterwegs. Möglich macht dies alles ein gut gefülltes Bankkonto, bei dem die nicht unerheblichen Abflüsse für die im Rahmen der Kinderaufzucht hinzugekauften Dienstleistungen durch entsprechende regelmäßige Zuflüsse kompensiert werden. Bleibt als einfachste Lösung also die Forderung: Ministerinnengehälter für alle, die sich bereit erklären, vom Lager der Kinderlosen in das der Brüter überzuwechseln. Und das Überleben der Deutschen wäre gesichert.

Der Tourist

Schlecht sitzende Bermudas, darüber bestenfalls ein ver-
schwitztes Polohemd, schlimmstenfalls ein Unterhemd Mar-
ke Feinripp Ärmellos, vor dem Hosenlatz die Gürteltasche
und in der Hand einen Stadtplan – fertig ist der Tourist. Er
quillt aus bunt bemalten Bussen, steht staunend vor Natur-
und Kulturdenkmälern und nervt die Einheimischen mit
sinnlosen Fragen in ungewohntem Idiom. In Gruppen lär-
mend schweift er durch die Stadtzentren, massierter Auftrieb
bildet sich vor einschlägigen Sehenswürdigkeiten – und wo
ein Gastgarten zum Verweilen lädt, lässt er sich Postkarten
und SMS schreibend nieder. Tsunamiartig überzieht er unsere Autobahnen in sommerlichen Wellen, verstopft die Bahn-
abteile und bildet Schlangen vor Schaltern und Tankstellen.

Man lässt ihn gewähren, ja lockt ihn sogar an, denn er stützt
die lokale Wirtschaft, einschlägig Gewerbetreibende hält er
saisonal am Leben – sommers wie winters und jetzt dank der
sich ausdehnenden Freizeitgesellschaft auch schon in der
Zwischensaison. Von den bekannten Zentren ausgehend hat
er ameisengleich Pfade in die hintersten Gegenden gefunden und taucht jetzt nordicwalkend und mountainbikend
zwischen den absterbenden Fichten des Böhmerwalds auf.
Man möchte gleich den nächsten Flieger nach Bali bestei-
gen, wäre auch da nicht schon längst Hase-Igel-gleich die
TUI-Pest ausgebrochen.

Verflucht sei der Tag, an dem die Flugpreise zu fallen begon-
nen und die Airlines der Holzklasse anfingen, jeden für ein
Butterbrot rund um die Welt zu schippern. Und wenn die
Tourismusindustrie anfängt, mit dem Slogan vom Urlaub

abseits der ausgetretenen Pfade zu werben, dann ist es zu spät. Kein Entkommen nirgends: mit dem Kamel durch die zentralasiatische Steppe, im schlecht gefederten Landrover in die letzten Reservate der Berggorillas oder von Schlittenhunden gezogen zu den Eisbären der Arktis – Neckermann macht's möglich. Gern genommen inzwischen auch die Klöster: Ruhe und Entspannung als touristisches Gruppenerlebnis mit Gleichgesinnten. Der Lage Angepasste buchen eine Woche am Strand und wählen die »location« danach, wohin noch ein Flieger-Billigangebot zu bekommen ist.

Nichts hält ihn ab, nichts kann ihn schrecken oder bremsen. Selbst der Islamist oder ETA-Bomber, der immer wieder mal an den Touristenorten spektakuläre Attentate verübt, hinterlässt keine nachhaltige Wirkung. Die Reiseveranstalter verschleudern die Hotelkontingente in Hurghada zum Schnäppchenpreis – zwei Wochen zum Preis von einer – und schon kehrt er zurück.

Wo immer er in größeren Massen und dauerhaft sich festsetzt, hinterlässt er Spuren. Da helfen weder Bomben noch die UNESCO. Es beginnt bei den japanisch gepinselten Speisekarten in bayerischen Biergärten und dem Tomatensalat in Wien, setzt sich fort über die idiotensichere Ausschilderung der nächstgelegenen öffentlichen Bedürfnisanstalt und endet bei der lächerlichen Maskierung der Einheimischen in folkloristischen Fummeln, die dem Fremden vorgaukeln sollen, dass H&M hier noch nicht Fuß gefasst hat. Von den schweren kulturellen Flurschäden des Fernreiseprostitutionstourismus zu den jungen Asiatinnen in Bangkok ganz zu schweigen: Hin mit dem Bumsbomber und zurück mit dem Tripperklipper, vor Ort bleiben vergewaltigte Kinder zurück.

Paradoxerweise liebt es der Tourist, wenn alles anders und doch wie daheim ist. Nichts gegen eine original kaukasische Grillfleischplatte, aber bitte mit einem frisch gezapften Pils von Becks, und im folkloristischen Supermarkt in der strohgedeckten Strandhütte möchte man die Nivea-Sonnenmilch sowie die tagesaktuelle Bildzeitung nicht missen. Den Kontakt zu den Einheimischen stellt das Rahmenprogramm her: Abendliche Veranstaltungen vom Gamelanorchester mit Tempeltänzerin bis zum Schuhplattler mit Goaßlschnalzern bringen den Touristen das Authentisch-Lokale näher. Ansonsten gilt in den etwas exotischeren Regionen: Entfernen Sie sich nicht von der Gruppe und meiden Sie die Slums. In vertrautem Umfeld hingegen neigt der Tourist zur aufdringlichen Neugierde, fragt der Preuße den Bayer, ob er »Fensterln« geht, und revanchiert der sich nördlich des Mains mit dem Hinweis, dass ein ordentliches Bier nicht in Wassergläsern zu servieren ist. Und weil wir schon dabei sind: von wegen Völkerverständigung! Reisen bildet – Vorurteile. Denn natürlich ist der Fellache faul, der Spanier stolz und die italienischen Polizisten sind sowieso das Allerletzte.

Der Tourist, speziell der massenhafte, ist der geborene Feind. Das Dumme ist nur: man entkommt ihm nicht. Auch wenn man meint, Tourist ist immer der andere. Da hilft weder der dunkelblaue Leinenanzug von Versace nebst Sonnenbrille in Venedig, noch die Krachlederne, in die sich der Düsseldorfer Zahnarzt in Bayern zwängt, bevor er den Tirolerhut mit Gamsbart aufsetzt und mit der Gondelbahn im Chiemgau auf die Kampenwand fährt. Das aber wiederum macht die Sache so ärgerlich. Der Tourist auf der Flucht vor den anderen Touristen wird von ihnen spätestens im Jahr darauf wieder eingeholt. So ist es dem Geheimtipp von griechischer Insel und dem Haus in der Toscana ergangen, der Finca auf Mallorca ohnehin, der Pilger-Wanderung nach Santiago de Compostela und den exotischen Stränden im fernen Osten oder in der Karibik.

Was bleibt hierzulande? Vielleicht noch als Zufluchtstätten die Innenstädte von Recklinghausen, Delmenhorst oder Bielefeld. Dort sind die Bewohner während der Urlaubszeit mit Easy Jet ausgeflogen und kein anderer wird freiwillig seine Ferien an diesen Orten verbringen. Es gibt keinen Ausweg, außer der konsequenten Beschränkung auf einen Sommer in den eigenen vier Wänden mit gelegentlichen Ausflügen ins städtische Freibad oder den Schrebergarten in der Kleingärtnerkolonie.

Aber auch hier lauert ein weniger kultureller als wirtschaftlicher Hautgout. Und wo waren Sie dieses Jahr? – Zu Hause! Das klingt sofort nach finanziellem Engpass. Wer versucht, sich einen passenden Überbau dafür zu zimmern, läuft zumindest Gefahr, als ökologischer Griesgram wahrgenommen zu werden. Wegen der Zeh-Oh-Zwei-Luftverschmutzung nicht nach Kenia zu fliegen, das klingt schwer nach grünem Ortsverein. Die exotischen Anekdoten aus den sommerlichen Ferienabenteuern reduzieren sich zwar auf die anderen Touristen, die zu viele, zu proletarisch und sonst banausisch waren, oder das Angebot, das im Prospekt so geschickt fotografiert war, dass man die Schnellstraße zwischen dem Apartment-Bau und dem Strand nicht sah (von der Qualität und dem Preis der täglichen Mahlzeiten gar nicht zu reden) – oder darauf, wie man es dieses Jahr mit viel Glück gerade noch einmal geschafft hat, all diesen Gefährdungen des Ferientraum(a)s zu entgehen. Aber wenn man dabei gar nichts mitzureden hat, muss man schon einen sehr überzeugten Snobismus aufbringen, um nicht in Karriere-knick- oder Beziehungskrise-Verdacht zu geraten.

Es gibt selbst für den »gehobenen« Touristen des Sommers kein bezahlbares Entkommen von seinesgleichen. Wer hat schon die Fünfzig-Fuß-Yacht in Porto Cervo liegen (und selbst für die findet sich abends nur mit Mühe ein Ankerplatz) oder kann so tun, als lebe er wie die berühmten NYLONs mit einer Wohnung in New York und einem Haus in London (beides im Sommer ziemlich unbewohnbare Städte). Nichtberufliche Mobilität ist kulturell als Tourismus verseucht. Versucht man den Ausweg über das Gesundheitswesen und deklariert die drei Wochen Abano Terme, Karlsbad oder Wiesbaden als Kuraufenthalt, verstößt man gegen das Fitnessgebot ewiger Jugendlichkeit. Abgesehen davon, dass man dort auf die Massen der Kassenpatienten stößt, die zwischen Schlammbad, heißen Quellen und Ayurveda beim handwarmen Mineralwasser ärztliche Befunde über ihre Zipperlein austauschen.

Bleibt am Ende Nostalgie. Was waren das für Zeiten, als die englischen Lordschaften auf die Grand Tour gen Italien gingen und die Arbeiter in den Kohleminen noch unter der Knute der Sieben-Tage-Woche standen, als seine Majestät der Kaiser nebst Gefolge zur Sommerfrische nach Bad Ischl fuhr, während der gemeine Wiener sich am Sommerwochenende in den Prater setzte, der Berliner zum Wannsee pilgerte und der Münchner – und nur er und keine Japaner, Italiener, Amerikaner und sonstiges Pack den schattigen Biergarten aufsuchte. Tempi passati! Heute bietet der bayerische Biergartenkiosk Ciabatta und Tsatziki an, während der Italiener am Strand von Jesolo mit Wurstel con Krauti lockt, alle sind in frenetischer sommerlicher Dauermobilität, die

Guccifizierung der Welt schreitet unaufhaltsam voran, alle Souvenirs und Mitbringsel dieser Welt werden in China hergestellt und die Kurse von Easy Jet, Ryan Air und LTU gehen durch die Decke. Bleiben Sie zu Hause!

Der Autofahrer

Mitleid gebührt der regelmäßig arbeitenden Bevölkerung, die tagtäglich in zäher Blechlawine ihrem Tagwerk entgegen sich wälzt. Umgeben von Autofahrern erfährt der Mensch des Morgens den tieferen Sinn der Demokratisierung individueller Mobilität, und an dem dabei sich aufbauenden Ärger über andere und gelegentlich auch sich selbst lässt sich trefflich das Dilemma jeder Form von Gleichmacherei studieren. Wenn ein jeder nach seinem Gutdünken Gas gibt, dann tritt jener Effekt ein, vor dem uns die Gegner einer auf Konkurrenz und Wahlfreiheit reduzierten Gleichheit immer schon gewarnt haben. Dann schlägt die Stunde der Apostel der Straßenverkehrsordnung, die dem ungezähmten Streben nach diesem und jenem Einhalt gebieten wollen. So viel vorab zum moralischen Gebrauchswert dieses Feindbilds als Spiegelbild.

Konkrete Formen nimmt es nicht nur im morgendlichen und abendlichen Berufsverkehr an, auch zu Ferienbeginn, bei scheinbar plötzlichem Wintereinbruch, an Unfallstellen auf belebten Straßen oder im ewigen Kreisverkehr um den Häuserblock auf der Suche nach einem möglichst legalen Parkplatz in den engen abendlichen Gassen innerstädtischer Vergnügungsviertel erhebt dieser Feind sein widerliches Haupt hinter verchromten Stoßstangen und getönten Windschutzscheiben. Den Blick stier geradeaus gerichtet, eingepanzert in sein Fahrzeug, strebt er mit Tunnelblick seinem vermeintlichen Ziel zu: Er will sich in der gewünschten Richtung vorwärtsbewegen oder seine Blechkarre zwischen andere Blechkarren zwängen, um den möglichst kurzen Rest der Strecke dann zu Fuß zurückzulegen. Diese Fixierung macht ihn unempfindlich für seine nähere Umgebung. Die Welt reduziert sich auf wichtige und unwichtige Hindernisse. Andere Verkehrsteilnehmer nimmt er nicht als mobilitätshungrige Mitbürger wahr, sondern als ärgerliche Störfaktoren bei der Verwirklichung des eigenen Drangs zur Fortbewegung. Dementsprechend unterstellt er ihnen auch keine Absichten oder Ziele, Wünsche oder Motive, sondern reagiert ihnen gegenüber wie einer, der sich seinen Weg durch ein dorniges Dickicht schlägt. Dummerweise aber schlagen die anderen zurück, denn sie verfahren nach dem gleichen Prinzip und so entsteht das Volk ohne Parkraum, für das der ADAC alljährlich seine Reichsparteitage ausrichtet, auf denen die Forderung nach freier Fahrt für freie Bürger tapfer gegen den Stau als demokratische Form des Stillstands erhoben wird. Wer da wider den Stachel löckend vorsichtig die Frage nach dem Kollaps stellt – irgendwann werden auf deutschen Autobahnen alle rechten Spuren als rollendes, nein stehendes Lager mit LKWs verstopft sein, während auf der Überholspur das Drehmoment von Tausenden Pferdestärken zum Stehmoment mutiert –, der ist dem Scheiterhaufen unter den zum Mobilitätsschwur versammelten Autobesitzern gefährlich nahe.

Der Geschlechterkampf tobt auch hier und die lapidare Feststellung: Frau am Steuer, entfährt dem meist männlichen, meist schneller fahrenden Zeitgenossen nach dem Überholmanöver beim Blick in den Rückspiegel. Woher das Vorurteil stammt, Frauen könnten sich weniger gut im öffentlichen Individualverkehr bewegen als Männer, ist bisher nicht erschöpfend untersucht worden. Das macht aber auch nichts, denn die These findet immer wieder ihre Bestätigung, auch wenn sie nicht stimmt. Die Wahrscheinlichkeit, im eigenen Mobilitätsdrang von einer Frau behindert zu werden, ist ebenso groß, wie die, dass ein Mann am Steuer zum Hindernis wird. Der aber fällt dann in die Kategorie des Sonntagsfahrers, hat gern eine liebevoll mit Häkelhaube verzierte Klorolle im Rückfenster stehen – und revanchiert sich an seinem rennstreifenverziert tiefergelegten Konkurrenten mit dem Etikett Raser.

Auch der dampfende Rassismus vernebelt den Blick des Autofahrers: der Holländer (zieht seinen Wohnwagen mit einem untermotorisierten Kleinwagen zu langsam über deutsche Autobahnen), der Türke (bringt mit seinem klapprigen und überladenen Kleintransporter unseren Konsummüll auf der linken Spur nach Anatolien) oder all jene Autofahrer, deren Kennzeichen am Nummernschild auf eine Herkunft aus den neuen Bundesländern schließen lässt, erregen den Zorn des nach flotter Fortbewegung strebenden deutschen Autobesitzers. Ist endlich die linke Spur frei, dann tritt einer jener kurzen Momente ein, in denen die durch lahmarschige Vordermänner zwangsweise gebändigte Kraft aus turbogeladenen Motoren sich für kurze Zeit entfalten kann. Whroooom röhrt es abgasschwanger aus dem Doppelrohr – aber schon bremst ein LKW, der mit einem Kollegen Elefantenrennen über beide Spuren veranstaltet, den Vortrieb und den Adrenalinausstoß.

Feindbildtechnisch ist hier die interessante Beobachtung zu machen, dass die Konkurrenz bis aufs Messer, in der die individuellen Autofahrer untereinander stehen, solange sie sich einzeln in ihren Fahrzeugen auf der Straße bewegen, in eiserne Solidarität umschlägt, wenn es gegen die Kritiker des Autofahrens als Lebensform an sich geht. Dann kennt der Autofahrer keine holländischen Wohnwagengespanne, keine Frauen am Steuer, keine Schleicher oder Raser, Sonntagsfahrer oder überladene Ford Ecevit mehr, sondern nur noch die Unterscheidung zwischen seinesgleichen und allen anderen. Entfällt der äußere Feind in der Form des Radfahrers oder Öko-Aktivisten, dann beginnt sofort die eben betrachtete Binnendifferenzierung, die sich an der Konkurrenz um knappe Straßenfläche orientiert.

Aus der Distanz betrachtet regt sich beinahe Mitleid mit jenen Männern, die einen Großteil ihres oft schwer verdienten Lohns in schnittige übermotorisierte Karossen stecken. Da haben sie nun zweihundert PS und mehr unter der scharf geschnittenen Haube und müssen mit einem Schnitt von dreißig Stundenkilometern im Stop-and-go-Verkehr über die Autobahn kriechen. Dabei macht ihr neuer Opel Sado-Maso-GT-Turbo-Flatliner doch mindestens zwohundertfuffzig Sachen. Und wenn sie im Physikunterricht in der Schule aufgepasst hätten, statt unter der Bank »Auto-Motor-Sport« zu lesen, dann wüssten sie auch, dass die Wahrscheinlichkeit eines Staus bei regelmäßiger Fahrweise sinkt. Führe ein jeder etwas langsamer und mit sicherem Abstand zügig dahin – alle wären schneller am ersehnten Ziel. Dazu aber bräuchte es nur ein halb so schnelles Auto und damit wären sie dann für den Fall eines auf freier Straße sich anbahnenden Duells mit einem gut motorisierten Konkurrenten schlecht ausgerüstet.

Ach Ihr Autofahrer, ich widme Euch dieses Feindbild, das ich im sanft schaukelnden Schnellzug von Wien nach München geschrieben habe, in einem meist bequemen, gelegentlich sogar zuverlässigen Verkehrsmittel, das über Straßen hinweg und neben Autobahnen entlang auf sicheren Gleisen mich ohne Parkplatzsorgen zwischen meinen beiden Städten pendeln lässt. Und so enden wir – Mehdorn macht's möglich –

pünktlich und entspannt in der Stadt der Bayerischen Motorenwerke, die nach wie vor die Freude am Fahren propagieren, die sich im Intercity erst so richtig entfaltet.

Nachtrag im Oktober 2007:
Am Kampf zwischen dem Rationalisierer und verhinderten Privatisierer Mehdorn und seinen unterbezahlten Lokführern, der leider und zur Freude der Billigflieger auf dem Rücken des bahnfahrenden Publikums ausgetragen wird, erlebt man erst, wie sehr die beamten-zuverlässige Bundesbahn Rückgrat (oder Kreislauf) des Gesellschaftskörpers war und immer noch wäre, wenn es sie noch gäbe. Die privatisierte Bahn als Feindbild überlassen wir der geschätzten Leserschaft und der nächsten Auflage dieses Buchs.

Die Mülltrennerin

Es ist heute normal, ein schlechtes Gewissen zu haben, wenn in einem Raum, der gar nicht benützt wurde, die ganze Nacht eine Glühbirne brannte: Wir haben damit gröblich die Pflicht zum Energiesparen verletzt. Der undichte Wasserhahn, der die ganze Nacht tropft, ist eine Supersauerei angesichts der Wasserknappheit in der Negev-Wüste und besonders in der Sahel-Zone. Der Einkauf, selbstverständlich im Bio-Supermarkt, aber selbst dort, ist zu einer komplizierten Lesestunde geworden, weil sich dem vielen Kleingedruckten gar nicht so leicht entnehmen lässt, wie viel tausende Transportkilometer in jedem Produkt stecken, ob es nicht doch einen genmanipulierten Anteil enthält und was sein Kauf zu meinem »ökologischen Fußabdruck« beiträgt. Auf die Probleme der Mülltrennung beim Teebeutel (organisch, Papier, Baumwoll-, vielleicht aber sogar Plastik-Faden, Metallklammer) hat nicht zuletzt der weise Robert Gernhardt schon vor vielen Jahren aufmerksam gemacht. Die benzinschluckenden SUVs, die auch noch als Lastfahrzeuge begünstigt werden, machen uns zu Recht ärgerlich – und wahrscheinlich werfen die FahrerInnen solcher Ungeheuer auch noch die Verpackung ihres Kaugummis einfach auf die Straße. Andere, besonders Kinder und Frauen nicht zum Mitrauchen zu zwingen, ist zu einer im Zweifel auch von Fremden streng eingeforderten Verpflichtung geworden (→ Der Raucher). Vegetarisch zu essen wird noch nicht allen moralisch zugemutet, wer es aber zum Hardcore-Veganer schafft, erwirbt damit den Status, den früher ein heiligmäßig asketisches Leben verlieh. Die Umwelt ist von einem komplizierten Geflecht von moralischen Regeln umstellt.

Wahrscheinlich war die Mülltrennung – nach den autofreien Wochenenden – die entscheidende Erfindung, mit der sich die Ökologie-Bewegung durchsetzen konnte. Jahrzehntelang hatte der jährliche Ostermarsch vor den Gefahren der Atombombe gewarnt, irgendwelche Weinbauern wehrten sich gegen das AKW zwischen ihren Rieden, irgendwelche Wissenschaftler spekulierten darüber, wann der Welt das Erdöl ausgehen würde – aber das blieb alles abstrakt und hatte mit dem wirklichen Leben nichts zu tun. Deshalb blieben doch die tonnenschweren Ami-Karossen mit Heckflossen, besonders wenn sie sich, so die utopischen Techno-Fantasien der Sechzigerjahre, zu Privat-Fliegern weiterentwickelt haben würden, das Ideal des Transportmittels der Zukunft und die »friedliche Nutzung der Atomenergie« würde alle Energiefragen lösen.

Erst die panische Reaktion der Regierung Schmidt in Deutschland und auch anderer europäischer Staaten auf eine aus heutiger Sicht maßvolle Erhöhung des Erdölpreises auf dem Weltmarkt durch das bis dahin ganz willfährige OPEC-Kartell machte 1973/74 ein Ökologie-Problem drastisch erfahrbar: Die leeren Autobahnen, auf denen Kinder radelten, wurden als »Ölschock« ein Teil des kollektiven Gedächtnisses. Ab da wussten die einen, dass »wir« etwas gegen die »Ölscheichs« tun müssen, die anderen, dass »wir« Energie sparen müssen.

Die radioaktive Verseuchung großer Teile Europas durch den Reaktor-Unfall in Tschernobyl 1986 blieb im Vergleich dazu trotz der regierungsamtlichen Aufforderungen, die Fenster geschlossen zu halten und die Kinder nicht im Sand spielen zu lassen, abstrakt, zumal die meisten den 1. Mai, als die Strahlung am heftigsten war, ohnehin im

Freien verbracht hatten, nicht zuletzt bei den Kundgebungen für Fortschritt und Sozialismus, die an diesem Tag angesagt sind. Nach den offiziellen Reaktionen zu schließen, stoppte übrigens der Fall-out an der deutsch-französischen Grenze.

Den Durchbruch aber brachte die Mülltrennung, ab Ende der 1980er gesetzlich verordnet und unter reger Beteiligung der Bevölkerung immer mehr ausgeweitet. Seither erleichtern uns die langen und schwer bepackten Buß-Pilgerfahrten zum nächsten Glas-Container und die dortige Beachtung der Fein-Differenzierung in Weiß-, Braun- und Grün-Glas das Gewissen angesichts der erstaunlich schnell nachwachsenden Mengen an Flaschen-Leergut in der Küche. Die Stöße von Gratis-Zeitungen, die am Wochenende von Asylbewerbern und Gymnasiasten vor unseren Türen abgelegt werden, können gleich en bloc ebenso in die Papier-Tonne wandern wie sonstiges Werbe-Altpapier, das uns gar per Post zugestellt wird, und die großen Teile von »Zeit«, »Süddeutscher« oder »Standard«, von denen wir selbst ohne Überfliegen der Schlagzeilen wissen, dass wir sie gar nicht ansehen wollen. Der eigene Eimer für Verpackungen und sonstige Plastikabfälle erspart uns den Ärger über all die Verpackungen und sonstigen Plastikabfälle, die wir mit jeder Ware mitkaufen – sie werden ja »recycelt«, wie das neudeutsche Wort heißt, das am deutschesten geworden ist und längst »riseikelt« geschrieben werden könnte (→ Das Englische). Beim »Restmüll« sind wir wie bei allen nur negativ bestimmten Restkategorien großzügig.

Wie ungenau auch immer, jedenfalls beteiligen uns die Tonnen mit ihren verschiedenen Farben im Alltag am Umweltschutz daheim bis zur Rettung des Planeten. Sie haben damit aus einem Problem der Produktionsweise und ihrer Regulierung eines gemacht, das wir selbst (fast) im Griff haben. Nur dass die Armen – oder auch geldgierige Großkonzerne – in Brasilien unseren Regenwald abbrennen, das müsste die UNO noch verhindern. Dass VW an der Vollmotorisierung Chinas arbeitet, ist, auch wenn sie dabei noch nicht einmal einen Hybrid-Antrieb anbieten können, dann nur mehr ein erfreulicher Beitrag zur Schaffung von Arbeitsplätzen – hoffentlich ein paar auch in Deutschland. Dazu ist das Entsorgen und Recyceln selbst ein bedeutender Wirtschaftszweig geworden. In der neuen Phase der Wirtschaft, »Wissensökonomie« genannt, in der es nicht mehr um Materielles, sondern um die Verkäuflichkeit von Ideen und Gefühlen geht, kann es nur mehr eine Frage der Zeit sein, bis alternative Beratungsfirmen gegen gutes Geld das bunte Arrangement der diversen Müllentsorgungsbehältnisse nach den Prinzipien des Feng Shui neu anordnen, damit das gute Ying der gelben Tonne sich nicht mit dem bösen Yang der Blechdosen verbindet, um dann, vermischt mit den Low-intensity-Strahlungen von den allgegenwärtigen Sendemasten, mit unabsehbaren Folgen durch die geöffneten Fenster der Kindertagesstätte einzudringen. Die wirtschaftlichen Möglichkeiten sind noch nicht ausgereizt.

Aber dann gibt es in jedem Haus und fast in jeder Familie die Personen, die das ernst nehmen, was sonst als Moral mit der in Moralfragen üblichen Laxheit, den Doppel-Standards, den Ausnahmen und dem Wegsehen gut zu handhaben wäre. Das sind die Halbwüchsigen, die mit ihrer aufsässigen Hyper-Moral die Erwachsenen vorführen, solange sie selbst gerade nur in Fragen wie der Mülltrennung eigenverantwortlich handeln können. Das sind Pensionisten und sonst Unterbeschäftigte, die mit Freude beobachten, was alle anderen im Haus und in der Nachbarschaft falsch machen, und dabei auch nicht davor zurückschrecken, die Mülltonnen zu kontrollieren. In der gutartigen Form bringen sie die Dinge nur in Ordnung, in der bösartigen machen sie daraus Vorwürfe und Aufforderungen, die sie in Form von Klein-Plakaten an den Tonnen oder im Treppenhaus hinterlassen: Bitte!! keine Bierdosen in den Papier-Container werfen!!

Am schwierigsten aber sind die tief Besorgten, denen das Schicksal der Pinguine auf den wegschmelzenden Eisschollen Tränen in die Augen treibt und die persönlich darunter leiden, dass täglich x-tausende Kinder auf der Welt verhungern. Sie haben nämlich recht, tatsächlich wie moralisch.

In Wirklichkeit müssten sie, müssten wir dafür eintreten, dass die Mülltrennung und das Energiesparen und ähnliche Placebos in Europa eingestellt werden. Stattdessen wären die knappen Ressourcen moralische Empörung und politisches Engagement auf die wirksamen Maßnahmen zur Regulierung der Wirtschaft und zur Reduktion des Produktivismus zu konzentrieren, die ja bekannt sind, aber nicht durchgesetzt werden: eine gerechte Welthandelsordnung gegen die Interessen der USA und der EU, dezentrale Energieerzeugung gegen die geballte Macht der Energiekonzerne, Halbierung der Lohnarbeitszeit unter Verzicht auf sinnlose bis schädliche Waren wie zum Beispiel Plastikfiguren aus »Star Wars« oder Landminen und Automatik-Pistolen gegen die gemeinsamen Interessen von Wirtschaftsverbänden und Gewerkschaften und gegen die Wünsche der Konsumenten – und ein paar weitere ähnlichen Kalibers. Die Hilflosigkeit, wenn wir es so bedenken, treibt uns dann doch wieder zur Mülltrennung und zu den Stromsparlampen und in die Hoffnung, dass vielleicht doch etwas gewonnen ist, wenn wir nächstes Mal die leeren Batterien ins Elektrogeschäft tragen, um sie dort in die Box fürs Recyceln zu werfen, statt sie bequemerweise, wenn es die Nachbarin nicht sieht, in den Plastikmüll zu schmuggeln.

Der Experte

Der Experte in seinen vielfältigen Formen ist eine Erscheinung relativ neueren Datums. Wo früher Pfarrer und Hausarzt zu Rate gezogen oder knifflige Fragen kollektiv im Palaver bearbeitet wurden (→ s. Der Stammtisch), blüht heute das Expertentum für alle Fragen, auf die Sitte und Anstand keine Antwort mehr geben. Wer heute nicht mehr weiter weiß, der schaut Bildungsfernsehen, befragt die Stiftung Warentest oder kauft im Buchladen einen Ratgeber, wenn er sich zu den lesenden Klassen zählt. Von der Wiege bis zur Bahre und für alle Lebenslagen dazwischen stehen in den Regalen die Ratschläge der Experten bereit: Von »Partnergymnastik für Schwangere« über »Gesunde Ernährung in den Wechseljahren« bis hin zum Ratgeber »Sterbebegleitung leicht gemacht« kann, wer mag, sich Ratschläge einholen. Verfasst werden diese kleinen Bändchen von Sachbuchautoren. Das sind Experten im Westentaschenformat, die man sich leisten kann, praktisch die McKinseys des kleinen Mannes.

Der richtige Fachmann, der sich in einem richtigen Fachgebiet richtig auskennt, ist traditionell eine beliebte Zielscheibe des Spotts und wird dann als Fachidiot bezeichnet. Er weiß zwar viel in seinem Bereich, ist in wichtigen Dingen des täglichen Lebens aber völlig unfähig. Will man es wohlwollender ausdrücken, nennt man den Fachidioten einen zerstreuten Professor. Eine neue Variante des Fachmanns verdanken wir dem Fernsehen: der »zugeschaltete Experte«. Der gibt eher den Flachmann und erklärt die Welt in neunzig Sekunden aus seiner Sicht. Arbeitslosigkeit, Klimakatastrophe oder Terrorismus – jedes Thema bringt der zugeschaltete Experte in ein oder zwei Minuten unter. Auch wenn er nur sagt, das Problem sei vielschichtig und derzeit wisse man noch nichts Genaues – aus dem Mund eines Experten klingt das einfach besser und die Banalität einer Meldung in den Nachrichten lässt sich damit retuschieren.

Eine viel gescholtene Variation des Experten ist der Unternehmensberater. Ihn findet man in vielen kryptisch anmutenden Ausgaben, als IT, HR, CRM, SAP-ERP und sonstiger Berater. Die vielen Buchstaben sagen den Chefs der Unternehmen, wo der Berater etwas weiß, was sie nicht wissen. Das hat immer mit Computern oder IT zu tun. Der Personalverantwortliche, quasi ein Experte alter Schule, verwaltet heute die Human Resources, kurz HR, und das geht natürlich nicht ohne irgendwelche Computerprogramme, die dann vernetzt sind mit anderen, was wieder einen Business-Intelligence-Experten oder Enterprise-Resource-Planning-Berater erforderlich macht usw. ad infinitum. Da bei den vielen Experten und Beratern kaum mehr einer richtig den Überblick hat, können die einen behaupten, dass die anderen Scharlatane sind. Das wiederum führt dazu, dass sich Experten für die Bewertung von Beratungsangeboten etablieren. Wer als Berater auf sich hält, nennt sich Consultant und verwendet nur mehr englische Wörter (→ Das Englische).

Besonders unbeliebt sind die Berater-Experten bei jenen, an denen sie ihre Expertise demonstrieren: Die verlieren entweder ihren Job oder müssen nach der neuen Pfeife tanzen, die der Berater ihren Vorgesetzten angedreht hat. Auch die Politiker haben inzwischen die Vorteile des Berater-Experten mitbekommen. In der Politik werden dann Expertenkommissionen eingesetzt und nach den Namen der Berater wie Hartz oder Rürup benannt. Sie liefern Politikern die

Argumente für Einsparungen und Umverteilung durch Sozialabbau. Man hat noch von keinem Politiker gehört, der sich eines Experten bedient hätte, wenn er Geld zu verteilen hat. Bestenfalls bei der Umverteilung holt man sich externen Sachverstand, wie gerade in den deutschen Universitäten, wo die bunte Vielfalt von mehr oder wenigen guten Einrichtungen jetzt neu gestaltet werden sollen: Leuchttürme und Exzellenzen für das Weltniveau und verbleibende Anstalten für den täglichen Nachschub an kleinen Funktionären des Halbwissens.

Schon in der Antike finden wir zum Problem der Experten in der Politik zwei Haltungen. Plato träumte vom Philosophenkönig, was in der Demokratie wohl das Kabinett aus Experten wäre. Gaius Julius Cäsar wird im Hinblick auf die Besetzung des römischen Senats hingegen der Wunsch zugeschrieben: Lasst dicke Männer um mich sein. Das wären dann wohl eher Figuren wie Joschka Fischer, vor und nach seiner Marathonphase, als die in die Politik gegangenen Bewohner des Elfenbeinturms.

Was macht den Experten feindbildtauglich? Wofür steht er und wie kann man sich am besten über ihn aufregen?

Der Experte stellt Behauptungen auf, die Regeln der Politik, der Unternehmens- oder Lebensführung betreffen. Er sagt, wer dies oder das tut oder lässt, dem wird ein langes Leben beschieden, der wird entweder erfolgreich und Weltniveau erreichen, der wird schön und gesund oder das Gegenteil, wenn er sich nicht an meine Hinweise hält. Dabei verweist er auf Statistiken, rechnet Wahrscheinlichkeiten vor, nennt Zahlen und zeichnet Szenarien von hoher Suggestionskraft, die seine Empfehlungen untermauern sollen. Essen Sie weniger Kohlehydrate, dafür mehr Obst, sorgen Sie für regelmäßige körperliche Bewegung und verzichten Sie auf Alkohol, dann gehören Sie zur Gruppe derjenigen, die überdurchschnittlich alt werden. Sagt der Ernährungsexperte. Oder auch umgekehrt, sagt ein anderer Fachmann. Oder vielleicht gibt es auch gar keinen Zusammenhang oder Sie werden morgen vom Blitz erschlagen, während Sie im Alter von 36 Jahren beim Spazierengehen in einen Apfel beißen. Macht aber alles nichts, denn Experten raten in wechselnden Varianten mal zum einen, mal zum anderen. Man muss nur ein wenig abwarten, dann werden neueste Befunde präsentiert und alles sieht wieder ganz anders aus. Das macht sie zu guten Feindbildern: Sie sind die Herolde der Hektik und Händler der ehernen Wahrheiten in einem, Wahrheiten, die morgen schon wieder über den Haufen geworfen werden – neue Software, neue Studien, neue Managementphilosophien, neue Experten, neue Wahrheiten. Re-Engineering als Dauerprozess.

Das Problem ist, der Experte nimmt uns die Entscheidung ab und das erleichtert und ärgert uns in einem. Es erleichtert den Chef, wenn er seine Hände bei Massenentlassungen in Unschuld waschen und auf die Ergebnisse der Unternehmensberater verweisen kann, die leider keine andere Möglichkeit lassen. Es wurmt ihn aber auch, dass er sich von den schnell gebleichten jungen Smarties abhängig macht, deren schwarze Kunst und Powerpoint-Präsentationen ihn ein Heidengeld kosten (das er dann hoffentlich durch die Befolgung ihrer Ratschläge wieder hereinholt). Das Ganze kann aber auch danebengehen, oder gar nach hinten los. Anfängliche Euphorie über die Einsparungen, Freude über die verlorenen Pfunde endet im jähen Erwachen im Angesicht der langfristigen Nebenwirkungen. Vermutlich ist das Ganze mehr oder weniger ein Glücksspiel. Manches funktioniert, anderes nicht. Warum, weiß so richtig keiner. Ob mit oder ohne Expertenratschlag, die Dinge ändern sich, manchmal sogar einfach nur aufgrund der Tatsache, dass Menschen auch ohne Anleitung von Experten zu denken anfangen und auf eigene Ideen kommen. Wenn das Denken nur nicht so anstrengend wäre und Entscheidungen aufgrund eigenen Nachdenkens nicht so riskant. Aber dafür haben wir die Experten, die uns sagen, wo es langgeht und wie wir dahin kommen.

Die Körperbetonten

Szenen wie diese können wir unseren Enkeln erzählen: Da erschien um das Jahr 1968 die wohlgeformte, rothaarige Sekretärin in Mini-Minirock und BH-loser Transparentbluse im Büro und brachte den Chef in die Verlegenheit, nicht zu wissen, wohin er blicken sollte, wenn er mit ihr sprach: ihr tief in die Augen, das wäre noch der unverfänglichste Ort an ihrem Körper gewesen, ging aber damals auch schon nicht mehr, ohne rechtschaffenen feministischen Zorn zu erregen.

Heute ist die obere Partie streng und mindestens zweilagig verhüllt (BH-los ist, außer am Strand und auch dort nur dezent und möglichst bewegungslos, undenkbar geworden), stattdessen bekommen wir seit einigen Jahren allüberall den mehr oder weniger breit freigelegten Bauchspeck präsentiert, möglichst noch mit einer Metalleinlage im Nabel. Die Oberteile sind so kurz, dass manche Trägerinnen aus einem verständlichen Unbehagen dauernd nervös versuchen sie herunterzuziehen, der Hosenbund ist so tief gelegt, dass in Vorderansicht die Schamhaare gerade noch verdeckt sind, während in Rückenansicht entweder der Slip herausschaut oder die Tätowierung am Kreuzbein – im Volksmund treffend als »Arschgeweih« bezeichnet – oder natürlich beide. Der Gesamteindruck ist, dass die mehr oder weniger junge Dame aus ihren Klamotten herausgewachsen ist.

Bei den jungen Männern ist eine völlige Kritiklosigkeit den eigenen behaarten Beinen gegenüber entstanden: Sie laufen bei jeder Gelegenheit in kurzen Hosen herum, die irgendwo in Kniegegend enden. Manchmal ist auch das mit dem tiefgelegten Hosenbund kombiniert, eine Reminiszenz an den tiefergelegten Opel Manta früherer Jahre. Typischer ist dieser »Low Rider« allerdings für die lange Hose, deren Hosenboden dann bei den Knien hängt, während die Hosenbeine abgetreten sind und auf der Straße schleifen. Die Schamhaare schauen nur deshalb nicht heraus, weil darunter Boxershorts getragen und öffentlich vorgeführt werden. Hier ist der Gesamteindruck umgekehrt der des Kleinen, der die abgelegten Klamotten des großen Bruders aufträgt.

Nur einige wenige Lebensjahre später folgt als obligat die plastikglänzende Trainingshose mit Seitenstreifen, darüber das ärmellose »Kraftleiberl«, aus dem die im Studio hochgezüchteten Muskeln quellen (sollen). Zudem ermöglicht dieses Outfit die vorteilhafte Präsentation geschmackvoll ausladender Tätowierungen an den Armen. Inzwischen begegnet man schon den älter gewordenen männlichen wie weiblichen Exemplaren, bei denen die Tattoos runzlig und schlaff geworden sind: So wird einmal eine ganze Generation aussehen! Wieder einige Semester später folgt der Bierbauch. Jetzt rutscht der Hosenbund wieder nach unten wie bei den ganz Jungen, diesmal allerdings ist das weniger ein modisches Statement als eher eine grobstoffliche Notwendigkeit. Das enge kurzärmelige Hemd spannt vorne bedenklich, aus den Armmuskeln ist Fett geworden, die Behaarung hat sich wollartig vermehrt. Bei manchen Exemplaren wird die zweite Phase muskulösen Aufblühens auch übersprungen, sie mutieren gleich kontinuierlich in die Breite und Tiefe.

Die Verpflichtung, den Körper zu formen und zu gestalten, gilt noch viel unbarmherziger bei den Reichen und Schönen. Neben vielerlei kosmetischer Bemalung und exquisiter Geruchskontrolle und -komposition wird hier von Männern wie Frauen, von Letzteren erfolgreicher, die Linie schlank gehungert. Die Kraftkammer ist dabei weniger gefragt, Laufen oder »Walken« als Fitness-Training, chinesisch inspirierte Bewegung in der frischen Luft – King Kong macht Tai-Chi –, Sauna und Massage sowie eine sportliche Bräune, wenn nicht durch geeignete Urlaube, dann auf der Sonnenbank erworben, sind hingegen verpflichtend. Wer sich »gehen lässt«, muss mit abschätzigen Blicken rechnen. Kuren, Diäten und Schönheitsfarmen und die damit verbundenen Kosten sind ein ständiges Gesprächsthema in diesen Kreisen. Gejammert wird über die Preise der chirurgischen Nachhilfe – ab einem mittleren Alter fast schon ein Muss. Der Körper der gut Betuchten wird (außer der weibliche bei großen Abendveranstaltungen) weniger offensiv freigelegt, teure und gut gewählte Bekleidung ist wichtiger als die modisch diktierte Entkleidung. Der Unterschied im Körperbewusstsein ist einfach: Wer sich keinen teuren Körper leisten kann, muss die freien Flächen zeigen und teuer erkauften Geschmack durch Schamlosigkeit kompensieren.

Es gibt eine Theorie, die sagt, die Persönlichkeit hätte sich infantilisiert und auf den Körper reduziert, seit alle anderen Hilfskonstruktionen von Autonomie: Eigentum und Bildung vor allem, weggebrochen sind. Sollte das stimmen, war die Wahl freilich eher unglücklich. Nirgends erfahren wir unmittelbarer die Grenzen von Autonomie als am Körper, der nicht fliegen kann, dem unter Wasser schnell die Luft ausgeht, der als Gegenstand mit anderen Gegenständen zusammenprallt und physikalisch beschädigt werden kann, der vor allem schmerzt und leiden gemacht werden kann, dessen Kraft oft nicht ausreicht, gar nicht davon zu reden, dass ihm die Haare ausfallen und dass seine Oberfläche trocken, fleckig und faltig wird. Er zeigt Reaktionen eigener Art, die uns lästig, meistens peinlich sind: Er wird als Ganzer müde und muss jetzt schlafen. Das Gesicht läuft beschämt heiß und rot an, der Mund wird nervös trocken, wenn es gerade auf Eloquenz ankäme, im Bett gibt es unerwünschte körperliche Reaktionen und die erwünschten bleiben leider aus. Überhaupt ist das körperliche Lust-Vermögen begrenzt und unverlässlich, beim Sex wie beim Essen und Trinken und in sonst physikalisch oder chemisch herbeigeführten Zuständen.

Dazu treten immer wieder, plötzlich und unvermutet, merkwürdige Veränderungen auf: Die Nase läuft und schwillt rot an, die Temperatur steigt, der plötzliche Schmerz in der Brust weitet sich zur Todesangst aus, man wird ohnmächtig, das gelegentliche Flimmern vor den Augen und die Gefühllosigkeit in den Fingern werden von einem Arzt damit erklärt, dass im Hirn ein Tumor wachse, das Blut im Stuhl verweist auf ein Geschwür im Darm. Manchmal gibt es ausgefallene Störungen, die machen einen fast schon individuell: der Parasit, den man beim letzten Afrika-Urlaub eingefangen hat, die seltene Genstörung, die Fehlbildung eines Organs, von der man nichts ahnte. Zuletzt stellt der Körper die Funktionen ein und löst sich schleimig auf, wenn er nicht rechtzeitig verbrannt wird: Ashes to ashes, dust to dust.

Im Körper und seinen Vollzügen sind wir Natur, Gattungswesen, das genaue Gegenteil von individuell. Überhaupt sind wir Individuen nicht, weil wir so gut gebaut oder so geistreiche Plauderer wären oder dem Saxophon so schön traurige Melodien entlocken können. Wenn überhaupt, dann sind wir Individuen, weil es Leute gibt, die uns kennen und unsere Fähigkeiten schätzen oder zumindest tolerieren und immer wieder einmal mit uns zusammenkommen und in der Zwischenzeit gelegentlich an uns denken und sich an uns erinnern werden, wenn sie uns überleben. Individuen sind wir für andere und im glücklichen Fall sogar auf Gegenseitigkeit. Das gilt besonders für den Körper des und der anderen, der immer unvollkommen ist, wenn man ihn an den Hochglanz-Klamotten-Werbefotos misst, der aber bestimmten Personen vertraut sein (und werden) kann und ihnen freundlich in der Berührung und Mitleid und Hilfsbereitschaft statt Angst und Abscheu erregend in seiner Schwäche, in seinem Schmerz und in seinem Verfall.

Selbst in den wenigen gloriosen Sommern, in denen die Körper noch jugendlich, die Wünsche und die Lüste aber schon halbwegs erwachsen kultiviert sind, ist die ganze Welt, so wie du selbst, mehr damit beschäftigt, sich selbst darzustellen als dich zu bestaunen. Die ganze aufgeregte Suche nach Aufmerksamkeit für den eigenen so oder so »gestylten« Körper ist verloren und höchstens gut für eine kurze Provokation, die gleich darauf vergessen wird.

Vierte Abteilung: Klassiker –
(fast) zeitlose und ehemalige

Die Grundtypen von Feinden hat das christliche Abendland hervorgebracht und sich an deren Bekämpfung erst richtig konturiert: den Teufel, die Hexe, den Ungläubigen, Häretiker und Ketzer, den Juden. Die Geschichte dieser Bekämpfungen erinnert man nicht gern. Es ist nicht schön zu wissen, wozu die Rechtgläubigen und Rechtschaffenen sich jeweils berechtigt, wenn nicht verpflichtet fühlen können, wenn die Feinde nur genügend bedrohlich und zugleich verabscheuenswert gemacht wurden. Wen die Mächtigen zum Feind des Volkes machen, an dem lässt auch das Volk gern seinen Zorn aus – auch wenn der sich eigentlich gegen die Mächtigen richten würde. Wenn die Erregungen hysterisch hochschwappen und die Bedrohungen der Herrschaft uns als Untergänge des Abendlandes vorgestellt werden, schlägt die Stunde der klassischen Feinde: Das Böse tritt in seinen diversen Verkleidungen auf und muss ausgetrieben werden.

Es ist wenig tröstlich, dass sich einige Konstanten dieser Feinderklärungen durch die ganze abendländische Geschichte ziehen. Die Techniken der Fanatisierung sind immer wieder und bis in die jüngste Gegenwart eingesetzt und benützt worden. Tröstlich ist aber, dass es doch ein paar Ehemalige gibt: Manche dieser Feinde veralten. Wir lernen, über die Ablehnung und den Abscheu von gestern zu lachen. Insofern gibt es vielleicht doch etwas wie Fortschritt der Zivilisation. Wenn die Teufelsaustreiber, Antisemiten und Kommunistenverfolger genauso komisch geworden sein werden, wie uns heute schon die allezeit politisch Korrekten und die AntifeministInnen vorkommen, können wir beginnen aufzuatmen. Die Beiträge dieser Abteilung sind daher besonders zur Einübung des Gelächters in der Ernstsituation empfohlen.

Betreten wir nun das Nostalgiekabinett und schlendern vorbei an Feinden, die den Älteren noch in Erinnerung sind, aber von den Jüngeren gar nicht mehr als solche wahrgenommen werden. An ihnen lässt sich gut demonstrieren, dass Erregung und Untergänge des Abendlandes meist nur Stürme in den Wassergläsern hysterischer Zeiten sind. Geschichte ist das, was vorbei ist. Aber der Blick zurück mahnt zur Gelassenheit im Angesicht der zeitgenössischen Erregungen. Ruhe bewahren und abwarten. Bald findet sich vielleicht auch unser größter Feind in der Abteilung der Ehemaligen. Zu Ihrer Erbauung, verehrte Leserschaft haben wir ein paar Beispiele ausgewählt:

Der Teufel und die Hexe, die Emanze, heutzutage allerorten als Die Neue Frau beklatscht, den Kommunisten, ein Anhänger der Lehren eines gewissen Karl Marx, und die Political Correctness, ein jüngst erst ausgerotteter Virus aus der Familie der Moralmikroorganismen, der die von ihm Befallenen in kurzer Zeit in Betschwestern (beiderlei Geschlechts) verwandelte. Zu Forschungszwecken werden einzelne Stämme dieses Virus heute noch auf entsprechenden Trägerindividuen gehalten. Schließlich haben wir als kleine Ergänzung in dieser Abteilung als Beispiel für die dreiwertigen Feindbilder noch ein kleines Kapitel über Feinde in den Alpen beigefügt, das den vielschichtigen Beziehungen zwischen Deutschen, Österreichern und Schweizern nachgeht. Die Finger gelassen haben wir hingegen von dem Versuch, auf zwei Seiten allen Facetten der Problematik des Antisemitismus gerecht zu werden. Das überfordert dann doch das Format. Aber wir arbeiten dran und nehmen die Schärfe des jüdischen Witzes als Messlatte entsprechender Ausführungen, denn einen Satz wie »Den Holocaust werden uns die Deutschen nie verzeihen« muss man erst mal toppen, und alles was dahinter zurückbleibt, verdient es nicht, in diese Sammlung aufgenommen zu werden.

Der Teufel, die Hexe

Gelegentlich lesen wir, dass an entlegenen Orten wie Klingenberg in Oberfranken aus einer Pädagogikstudentin Dämonen ausgetrieben werden müssen, auch wenn die junge Frau nur mehr 31 kg wiegt und absehbar stirbt. Im Internet, dem Tratschmedium unserer Zeit, finden sich, zumal auf Seiten, die in den USA eingestellt werden, klare Warnungen davor, sich der Pornographie des Fernsehens, Rockkonzerten oder Horrorfilmen auszusetzen. Der Mensch werde dadurch »weit offen« für das Eindringen des Teufels. Schlimmer ist nur eine Abtreibung, die einen völlig wehrlos für Dämonen macht. Ähnlich wirken sexuelle Perversionen, Gewalt und Drogen. Seit wir durch Filme wie *Der Exorzist* und *Rosemaries Baby* darüber aufgeklärt wurden, sind Teufel und Dämonen wieder Figuren, mit denen man vielleicht nicht alle Tage, aber in Ausnahmesituationen doch zu rechnen hat.

Das Böse und der Böse haben den Großteil der zweitausend Jahre Christentum beherrscht und die Gläubigen in Angst und Schrecken versetzt. Der Gegenspieler Gottes, ein abgefallener Erzengel, war notwendig, um Gott von der Verantwortung für das Leiden und die sonstigen Schrecklichkeiten des Lebens zu entlasten. Wie wäre der Zustand der Welt im Jahr 500, 1000 oder 1500 mit einem gütigen und liebenden Gott zu vereinbaren gewesen? Von den Jahren 1942 bis 45 gar nicht zu reden, aber das wusste man damals noch nicht. Der große Kirchenlehrer Augustinus war der Lehre des Dualisten Mani nahegestanden, bevor er, katholisch geworden, dessen Anhänger, die Manichäer, grausam zu verfolgen empfahl. Die aus eigener Erfahrung die Freuden der ketzerischen Religionen kannten, waren immer wieder die schärfsten Verfolger der Dämonen, die besiegt werden mussten.

Besonders gefährlich waren einer Kultur, die in blutrünstigen Bildern von heiligen Märtyrern und ihren pittoresken Todesarten (von langsamem Rösten bis zu Därme aus dem Bauch ziehen) schwelgte, die Frauen: seltsam gewordene alte Weiber ebenso wie attraktive junge. Ihnen wurde nachgesagt, sie trieben es mit dem Teufel (incubus) oder seien gar selber der Teufel in Frauengestalt (succubus). In jedem Fall machten sie die Männer heiß oder aber impotent. Sie, also: ihre unsterblichen Seelen konnten nur gerettet werden, indem man sie zu Tode brachte, bevorzugt durch Verbrennen bei lebendigem Leibe.

Die Wirklichkeit von Teufeln, Hexen, Dämonen, Besessenheiten und Verzauberungen ließ sich leicht beweisen: Man brachte die Verdächtigten zu Geständnissen. Glaubwürdig wurden sie vor allem dadurch, dass sie Namen von weiteren an dem gottlosen Tun beteiligten Personen nannten. Die konnte man ihrerseits zu Geständnissen veranlassen. Dadurch erfuhr man allmählich von dem ganzen unglaublichen Ausmaß, in dem der und das Böse bereits von der Gesellschaft Besitz ergriffen hatte, ohne dass man es merkte. Sehr beweiskräftig ist auch die Hexenprobe durch Gottesurteil: Man wirft die gefesselte Frau ins Wasser – überlebt sie, ist das der Beweis dafür, dass sie eine Hexe ist und also verbrannt (oder praktischerweise gleich ersäuft) werden muss.

Die katholische Kirche gründete die heilige Inquisition und eigene Orden wie die Dominikaner, um dieses unsichtbare Unheil auszurotten. Luther und Calvin waren Hexen und die Notwendigkeit, sie zu verfolgen, auch nicht fremd. Die

Verfolgung von Ketzern und Hexen bekam besonderen Schwung, wo die Vermögen der Überführten eingezogen werden konnten. Unter dieser Vorgabe waren es nicht nur arme Kräuterweiblein, sondern auch wohlhabende Kaufleute, die der Hexerei überführt wurden.

Die bewährte Methode, durch erzwungene Geständnisse das ganze Ausmaß der Verschwörung aufzudecken, ist von den Religionen im 19. Jahrhundert aufgegeben worden. Mit wissenschaftlicher Beweisführung, wie sie sich mit der Aufklärung durchsetzte, ließ sich die Existenz von Teufeln und Hexen nicht zeigen. Am Ende des 20. Jahrhunderts freilich ist das Böse in die Welt zurückgekehrt: Die Regierung der USA sah sich daher gezwungen, in Gefängnissen und Lagern die klassische Methode wieder einzuführen, mit der man den Umfang der Unterwanderung und die anderen daran Beteiligten kennenlernen kann.

Feindbildtechnisch sind Teufel und Hexen heute ein prima Distinktionsmerkmal, zeigen sie doch, dass diejenigen, die daran glauben, selber nicht mehr alle Tassen im Schrank haben – von George W. Bush bis zu den Mondscheinweibern aus der Esoterikgruppe. Die aufgeklärten Zeitgenossen hingegen wissen seit Nietzsche, dass Gott tot ist und daraus folgt erstens, auch der Teufel ist damit von uns gegangen und zweitens, wer ihn immer noch bemüht, hat weder Nietzsche gelesen noch ist er sonst auf der Höhe der Zeit. Und das ergibt dann folgende Situation: was den einen als Feindbild (immer noch oder schon wieder) dient, ermöglicht es den anderen herabzublicken und sie – je nachdem – als Gefahr für die zivilisatorische Errungenschaft wohlwollender Blasiertheit (George W.) oder kulturellen Sondermüll (hexenverehrende Mondscheinesoterikerinnen) zu disqualifizieren. Aber, liebe aufgeklärte Zeitgenossen, ich verwette ein Jahresabo eines anerkannten Intelligenzblattes, dass auch ihr euer Äquivalent zum Gottseibeiuns im hintersten Schublädchen eures mentalen Werkzeugkastens habt. Soll heißen, auch der sich für aufgeklärt haltende Zeitgenosse und gerade der, wird in aller Regel nicht umhin kommen, am Ende auf ein integriertes Gesamtübel zurückzugreifen, das ihm die Polung seines politisch-moralischen Kompass ermöglicht. Denn es gilt, Teufel hin, Hexen her, irgendwer muss doch am Übel der Welt schuld sein – nur nicht wir selbst.

Der Kommunist

Der Kommunist ist die Mutter aller politischen Feindbilder. Historisch älter und folgenreicher ist nur der Jude. Bekanntlich wurden die beiden von den Nazis als jüdisch-bolschewistisch zu dem Feindbild überhaupt verschmolzen. Nach 1945 mussten sich besonders die Deutschen und Österreicher öffentliche Äußerungen über den Juden abgewöhnen, aber der Kommunist blieb ihnen erhalten. Mit ihm ließ sich weitere fünfzig Jahre lang eine stabile Orientierung der Politik und des Räsonierens darüber (→ Der Stammtisch) bestreiten. Dass er uns 1990 abhanden kam, wurde verbreitet als großer Verlust erlebt, so groß, dass sogar vom »Ende der Geschichte« gesprochen wurde. Nach einem schrecklichen, fast feindbildlosen Jahrzehnt der Verwirrung fand sich der (islamische) Fundamentalist, der Terrorist und, als Allzweckwaffe einsetzbar, das Reich des Bösen als Ersatz.

Ursprünglich war der Kommunist ein Umstürzler und Revolutionär, durchaus verwandt mit dem Anarchisten auf der einen und dem Sozialdemokraten auf der anderen Seite. Spätestens seit Stalin wurde dieses Bild in sein Gegenteil gedreht: Der Kommunist war nun der Herr über eine tugendterroristische Groß-Bürokratie mit einem alles durchdringenden Geheimdienst, der »Große Bruder« eines Ameisenstaats und grausame Despot einer Schreckensherrschaft zugleich. Wie alle guten politischen Feinde war er damit fast allmächtig und jedenfalls zu jeder Untat imstande und zugleich verächtlich, minderwertig, barbarisch. Die Nazis rechtfertigten ihre eigene Schreckensherrschaft mit ihrer rassischen Überlegenheit und mit der Notwendigkeit, diese Konkurrenz an der Weltherrschaft zu hindern und möglichst auszurotten. Das machte es einer

Generation von Weltkriegsteilnehmern und ihren Familien bis tief in die 1970er Jahre hinein möglich, Hitlers Angriff auf die Sowjetunion, dessen Personal sie mit mehr oder weniger Begeisterung gewesen waren, rückblickend als Verteidigung des Vaterlandes gegen die mongolischen Horden darzustellen.

Nach 1945 konnte an diesen Schrecken angeschlossen werden. Aber nun gab es den großen Bruder der USA, der uns beschützte – und der auch noch viel reicher war, als die von den Nazis verheerte Sowjetunion. Der Ami brachte Kaugummi und Nylonstrümpfe, der Kommunist demontierte Fabriken, da fiel die Wahl nicht schwer. Die USA hatten gerade ihre eigene Säuberung von den anti-amerikanischen Umtrieben der überall im Land, besonders aber in Hollywood im Untergrund tätigen Kommunisten hinter sich. Ein sonst völlig unbedeutender Senator McCarthy aus Wisconsin hatte es geschafft, die Fantasie von der Unterwanderung samt der zugehörigen Angst politisch zu organisieren und ihre Bekämpfung in Schauprozessen zu inszenieren. Ihr Bild vom Kommunismus als subversive Kraft verband sich nützlich mit den europäischen, besonders deutschen Kommunismus-Ängsten. Der Kommunist in seiner molluskenhaften Wandelbarkeit war ab jetzt, zusätzlich zum Gewaltherrscher im Osten, der Unterwanderer, die fünfte Kolonne im Westen.

Ein solches Bild war auch deshalb nötig, weil der Kommunist nach der Teilung Deutschlands und der Neutralisierung Österreichs (anders als in Italien und Frankreich) real in der Politik keine Rolle mehr spielte. Die Wahlergebnisse lagen bald unter der Schwelle für eine parlamentarische Vertretung. Wie das österreichische Beispiel zeigt, war es gar nicht nötig, die Partei auch noch zu verbieten. Das Verbot hat ihr

eher ein paar Rest-Sympathien und einen Opfer-Status gegeben, der noch dazu eine (oft auch personelle) Kontinuität
zur Kommunisten-Verfolgung der Nazis herstellte, die für die
Betroffenen besonders bitter war. Im Alltag der Politik wie
des Stammtisches (→ s. dort) bewährte sich der Kommunist
vorbildhaft, indem sich jegliche Unzufriedenheit oder neue
Idee mit »Geh doch nach drüben!« abfertigen ließ.

Das war in den 1960ern nützlich, als eine neue Generation
die Reste der Nazi-Haltungen und -Ideen sowie das noch
vorfindbare Ex-Nazi-Personal durch die antiautoritäre Libe-
ralität ersetzt sehen wollte, die der inzwischen entstandenen
Konsumgesellschaft (→ s. dort) angemessen war. Dazu waren einige Verrenkungen nötig, weil die Jungen Elvis, Mo-
peds und freie Liebe der kommunistischen Disziplin bei
weitem vorzogen. Außerdem entstanden im Kommunismus
selbst Reformbewegungen, die den kurzen Frühling in Prag
und im westlichen Teil des Kontinents den Euro-Kommunis-
mus herbeiführten. Zum Glück gab uns Breschnew und seine Garde von grauen Gerontokraten im Kreml das gefährde-
te Feindbild schnell wieder zurück.

Freilich war schon seit Chruschtschow der Kommunist nicht
mehr, was er einmal war. Er wurde damit zu einem drolligen
Bäuerlein, das mit dem Schuh aufs Rednerpult klopfte und
die alte Bedrohlichkeit nicht mehr aufbrachte. Dazu war er
wirtschaftlich hoffnungslos unterlegen. Wie er schon aussah,
in Plastikhemd und schlecht geschnittenem Anzug. Er konnte zwar mit dem Sputnik technische Überlegenheit im Welt-
raum beweisen, und das Gleichgewicht des Schreckens der
Atomwaffen aufrechterhalten. Aber er wurde doch unaufhaltsam zu einer Lachnummer. Die Angst vor ihm musste
politisch immer mühsamer gepflegt werden. In Deutschland

waren die autoritären Fraktionen der Studentenbewegung, die kommunistische Aufbau-Organisationen betrieben, und der bewaffnete Kampf von RAF & Co Treibsätze einer neuen Blüte des Kommunisten als Feind. Ein DDR-Spitzel im Kanzleramt und die Ausweisung von Wolf Biermann ergänzten das aufs Trefflichste.

Aber der Niedergang des Kommunisten als Feind war trotz solcher Zwischen-Hochs nicht mehr aufzuhalten. In Michail Gorbatschow und seiner eleganten Gemahlin Raissa fand der Boulevard ein Herrscher-Paar, das Erinnerungen an den Schah und Soraya oder Kennedy und Jackie als möglichen deutschen Monarchen nicht nachstand. Die Männerfreundschaft, zu der sich Helmut Kohl bekannte, tat den Rest: Der Kommunist war zur Märchenfigur geworden. Auch wenn die Amis darauf bestehen, sie hätten den Kommunismus im Rüstungswettlauf zu Tode gehetzt und auch sonst wirtschaftlich wie technisch ruiniert, wir wissen: Es war der gute Kommunist Gorbatschow, der die DDR in die Freiheit entließ. Die Trauer nach seinem Sturz und erst recht nach dem tragischen Tod Raissas hat uns das Feindbild verdorben.

Das lässt sich, seit China eingeschwenkt ist, auch durch den greisen Fidel und die Abfolge von verrückten koreanischen Kims nicht kompensieren. Wir verstehen sie als Auslaufmodelle, deren letzte Zuckungen natürlich gefährlich sein können, besonders bei Kim, während Kuba schon wieder als Ferienparadies aufgebaut wird. Und China ist zwar gefährlich geblieben, aber jetzt als super-kapitalistische Konkurrenz. Auch Putin macht Russland wieder gefährlich, aber nicht als Kommunist (obwohl seine KGB-Vergangenheit, sein Krieg in Tschetschenien und seine diktatorischen Tendenzen dafür einiges hergäben), sondern als Herrscher über

Öl und Erdgas. Die neu integrierten Ex-Kommunisten von Polen bis Bulgarien bedrohen uns jetzt durch Billig-Arbeit, Nationalismus und Europa-Unbotmäßig- und -Undankbarkeit.

Erst jetzt, wo das Feindbild zusammengebrochen ist, sind die ex-kommunistischen Staaten zu den Konkurrenten geworden, als die sie vorher gerne aufgetreten wären, aber erfolglos blieben. An einem neuen Feindbild wird gearbeitet, aber ein guter Name dafür steht noch aus.

PC (Political Correctness)

Es muss in den frühen 1980ern gewesen sein, dass in einem Proseminar an einer Universität in Deutschland eine junge Studentin mit leidenschaftlichen Worten dem Professor den Gebrauch des Begriffs »Herrschaft« verbieten wollte: Sie werde als Frau durch derart sexistische Redeweisen beleidigt und werde sich das nicht länger gefallen lassen. Auf den Gegenvorschlag, den damit gemeinten Sachverhalt in Zukunft mit »Damenschaft« zu benennen, ging sie nicht ein, verließ vielmehr, nachdem sich auch sonst in dem Hörsaal das Bewusstsein für einen dringenden Handlungsbedarf in dieser Sache nicht einstellen wollte, wütend die Lehrveranstaltung.

Nietzsche hätte seine Freude gehabt: »Herr« ist etymologisch mit »hehr« verwandt und bezeichnet also ursprünglich kein Geschlecht, sondern eine erhöhte Position. »Dame« hingegen ist zwar das richtige Gegenstück, insofern es ebenfalls aristokratisch ist; allerdings meinte das Wort ursprünglich eine »Herrin« im Sinn von »Maitresse«, also ein ziemlich sexualisiertes Verhältnis, das schon als solches abzulehnen ist. Aber wo sprachlich gehobelt wird, da fallen die Späne der Semantik.

An denselben Universitäten wurden noch in den 1990ern die Studienanfänger in den Flugblättern des AStA mit »Liebe Erstsemester und Erstsemestcrinnen« begrüßt. Der im lateinischen Stamm geschlechtsneutrale Plural »Studenten« ist an den Unis heute generell durch »Studierende« ersetzt worden. Eine Verbeugung, nein Verbiegung der Grammatik vor den Volkskommissariaten für linguistische Geschlechtergerechtigkeit. In der Bürokratensprache ist jetzt per Verordnung festgelegt, dass »Studenten und Studentinnen« geschrieben und vor allem auch gesagt werden muss, ebenso »Professorinnen und Professoren«, »der Dekan oder die Dekanin« und »der Präsident oder die Präsidentin«. Interessanterweise ist die Reihenfolge nicht strikt geregelt: Zu befürchten ist ja immerhin, dass es etwas wie Galanterie und also Frauen-Diskriminierung darstellt, wenn die weibliche Form zuerst genannt wird. Umgekehrt weist es auf ungebrochenen Machismo hin, wenn jemand die männliche Form zuerst nennt. Einen brauchbaren Ausweg hat nur die Gewerkschaft gefunden: Dort wird in den Ansprachen die Anrede vernuschelt und klingt dann wie »Kolleinen und Kollehn!«

»Political Correctness«, auf Deutsch »Gutmenschentum«, ist ein Syndrom, das vor einigen Jahrzehnten in den Vereinigten Staaten entstand: Nachdem man die Realität nicht verändern kann, reguliert man wenigstens das Vokabular, in dem über sie gesprochen werden darf.

Ausgangspunkt war das feministisch korrekte Reden. Danach durfte im Amerikanischen vor allem »man« nicht mehr in der Bedeutung von »Mensch« verwendet werden. »Mankind« für »Menschheit« wurde unmöglich, nicht ganz konsequent durfte man auf »humanity« ausweichen. Von einem Vorschlag, stattdessen »huwomanity« einzuführen, hat man nie gehört, vielleicht weil das zu indianisch, pardon: Native American geklungen hätte. Richtig wäre eigentlich »hufemininity« gewesen. Aber auch die komplette Abschaffung der Worte »wo-man« und »fe-male« mit ihren männlichen Bestandteilen gelang nicht. Letztlich blieb es dabei, dass im Relativsatz die Wendung »he or she«, schriftlich auch abkürzbar als »s/he«, um sich griff. Feministische amerikanische

Historikerinnen betreiben jetzt nicht mehr History, sondern Herstory und dekonstruieren die großen Erzählungen der toten weißen Männer von Aristoteles bis Marx. Die Übernahme dieser Mode aus dem ziemlich geschlechterneutralen Englisch in die stärker »genderisierten« romanischen, germanischen und slawischen Sprachen hat hingegen zu den schönsten bürokratischen Blüten geführt. Es bleiben freilich immer noch ungenützte Möglichkeiten: So lässt sich das deutsche »man« durch »frau« oder wenigstens »man/frau« ersetzen, aber »jefraud« und »niefraud« blieben aus. Die reale Entwicklung der Frauen-Emanzipation hat solche Krämpfe übersprungen. Allerdings diskutieren feministische Linguisten mit sportlichen Ambitionen noch heute über den diskriminierenden Gehalt von Formulierungen wie Damenmannschaft.

Die zweite Wurzel von PC ist der Kampf gegen Rassismen: Die geläufigen Namen für die verschiedenen Einwanderergruppen in den USA wurden durch »American« mit dem Zusatz des Herkunftslandes ersetzt. So entstand »African American« als gemeinsame Bezeichnung für Leute, deren Familien schon am Aufstand der Kolonien gegen die Engländer beteiligt gewesen waren oder die aus der Karibik zugewandert sind und denen Afrika so fremd ist wie der Mond. In Reaktion darauf nennen viele Schwarze sich jetzt selbst wieder »Negro«, drohen Außenstehenden aber Prügel an, sollten sie das Wort verwenden. Auch »Asian American« setzte sich durch, die Chinatowns und Little Tokyos behielten aber ihre anstößigen Namen. Übrigens entstand keine analoge Bezeichnung »European American«, sondern hier blieben die feinen Unterschiede erhalten: etwa Italian American, Irish American; die vielen ex-sowjetischen Staaten, darunter Tschetschenien, dürften allerdings auch von den sehr Beflissenen unter »Russian American« zusammengefasst werden. Notfalls packt man aber auch alle nicht afrikanisch-asiatischen Bewohner des Landes unter die Oberkategorie »Caucasian«. »Eskimo« ist dort wie hier anti-rassistisch ganz unmöglich geworden, vielmehr ist korrekt von »Inuit« zu sprechen, was übersetzt »Menschen« heißt.

Hierzulande treibt PC bizarrste Blüten in der Abteilung Vergangenheitsbewältigung. Denn im Gegenlicht einer immer noch dunkel strahlenden Vergangenheit wirft jeder Zwerg als strahlender Kämpfer für deren politisch korrekte Bewältigung lange Schatten. Das reicht vom pathetischen Tremolo eines Joschka Fischer, der zerknirscht den Holocaust bemüht, um dann gegen dessen Wiederholung erst mal Krieg für Frieden im Kosovo zu fordern, über die literarischen Fachkräfte Botho Strauß und Martin Walser, die sich als Bewältiger der Bewältigung für die Entsorgung der einschlägigen Erinnerung zuständig fühlen, bis hin zur Drittverwertung in den Reihen der B-Prominenz, wo im zeitgeschichtlichen Oberseminar von Kerner die ausgewiesenen Faschismusexpertinnen Senta Berger und Eva Herrman im Tele-Kolleg der Nation Geschichtsunterricht erteilen dürfen.

Rein feindbildtechnisch ist PC natürlich geradezu ein Lehrbuchfall. Man nehme die Moral beim Wort und frage: Wie mache ich mich betroffen? – schon erblühen die Feinde in der Gestalt derjenigen, denen man Schuld und Verantwortung für die eigenen Leiden zuschreiben kann. Schuld und Verantwortung sind die Schlüsselbegriffe der PC, die auf dem Forum einer schamhaft verklemmten Öffentlichkeit wie ein Megaphon noch für die letzten Randgruppen wirken. Denn nur durch den lautstark vorgetragenen Hinweis, dass man/frau als behinderte/r, schwul-lesbisch-vegane/r Ausländer/in ein Opfer ist, entsteht eine halbwegs anerkannte Identität ex-negativo auf der Bühne medialer Wahrnehmung.

Nun hat PC zweifellos auch in der richtigen Welt was bewirkt. Erstens hat sich in den USA, wo diese Form der Selbstvermarktung zuerst fröhliche Urständ feierte, unter »Affirmative Action« das Verbot der staatlichen Diskriminierung von Menschen nach Geschlecht, Religion, Hautfarbe und sexuellen Neigungen in positive Quotierungen gedreht, die außer im öffentlichen Dienst besonders bei der Aufnahme ins College wirksam werden. Andere historisch diskriminierte Gruppen haben, etwas ungenaue Analogien ziehend, sich auf die Juden und die Shoah bezogen und ihrerseits Wiedergutmachungs-Zahlungen gefordert. Dem US-Anwaltsproletariat kommt das alles sehr zugute. Auch in Europa gibt es Versuche, sich in Posten hineinzuklagen mit der Begründung, man sei bei der Auswahl diskriminiert worden. Zweitens haben sich neue Formen von männlicher und weißer Unterwürfigkeit als »Softie« und »Ausländerfreund« herausgebildet. Vor allem der Softie war ein tragischer Fall von Wörtlichnehmen einer Polemik. Die Latzhose blieb lächerlich und zuletzt den Militär-Klamotten unterlegen. Nicht nur die anti-autoritären Machos wie die Figuren, die Clint Eastwood seit »Dirty Harry« Calahan gern darstellt, haben dadurch gewonnen, sondern vor allem die autoritären HeldInnen von Polizei-Serien.

Es ist deshalb dringend nötig, dass möglichst EU-weit strikte Regelungen erlassen werden, die den Anteil von zum Beispiel schwarzen und muslimischen, dann aber auch sächsischen und über 1,85 großen Polizistinnen in Fernseh-Serien erst einmal ihrem realen, dann aber dem aufgrund der Verteilung in der Bevölkerung erwünschten Anteil im jeweiligen Land anpassen. Entsprechender Ausgleich ist vor allem im mittleren bis Top-Management aller Firmen mit mehr als 25 Beschäftigten herbeizuführen. Auf den Visitenkarten stünde dann statt »Secretary to the Vice-President« etwa »Zum Calvinismus konvertierte, bayrische, dritte-Generation-türkische Office-Managerin«. In der Politik klappt diese Art von Proporz schon ganz gut: es genügt die Qualifikation, Schwabe zu sein oder aus dem Osten zu kommen, um ein politisches Amt auszufüllen, wenn es das landsmannschaftliche Gleichgewicht erfordert. Weitere Kenntnisse sind dann nicht erforderlich. Hier weiterdenkend landet man bei geeigneter Quotierung der Bevölkerung und konsequenterweise beim Grundrecht auf individuelle Selbst-Stigmatisierung: eine Quoten-Position für jedermann/frau.

Die Emanze

Früher, liebe Kinder, galt die Ehe als ein besonderes Gewalt-verhältnis, wie auch die Schule, die Psychiatrie und das Gefängnis. Da konnte der Ehemann seiner Ehefrau verbieten, arbeiten zu gehen, sie durfte ohne seine Zustimmung keine Geschäfte machen und überhaupt war der Mann der Herr im Haus und hatte das alleinige Sagen. Hätte es damals schon eBay gegeben, Mutti hätte dort ohne die Erlaubnis von Papa nicht das alte Sofa versteigern können. Dagegen haben die Frauen immer wieder mal und schon lange aufbegehrt, das ging in Wellen und jedes Mal nannte man sie anders: Sufragette oder Blaustrumpf oder das letzte Mal, als die Frauen wieder mal aufbegehrten, eben Emanze. Das ist der Versuch, aus dem Wort Emanzipation eine Art weibliches Schimpfwort zu machen. Das war so in den Sechziger- und Siebzigerjahren und damals ging es ziemlich zur Sache an der Geschlechterfront. Die Männer haben sich unglaublich aufgeregt, allen voran der Papst, weil die Frauen auch für die Abtreibung eingetreten sind und Plakate gemalt haben, auf denen stand: Mein Bauch gehört mir! Das haben die dicken Kardinäle mit ihren Wänsten aber komischerweise nicht verstanden. Das also war die Emanze.

Wie viel Häme und Schmäh hat man über ihr ausgegossen, was hat man ihr nicht alles vorgeworfen, unterstellt und angehängt. Sie, die sie als möglichst rothaarige und BH-lose Projektionsfläche männlicher Statusängste gegen die Stürme der Zeit den einfachen Satz verteidigte: Frauen haben die gleichen Rechte wie Männer. Eine besonders unbeliebte Figur war Alice Schwarzer, die heute noch durch die Talkshows tingelt und eine Zeitschrift für Frauen herausgibt, in der es nicht nur um Schöner Schminken geht. Alice Schwarzer ist mit ihrem Kampf dermaßen beschäftigt, dass sie noch gar nicht gemerkt hat, wie sich die Welt inzwischen verändert hat. Sie jagt immer noch den Macho, das ist der Mann, der die Frauen unterdrückt und immer nur das Eine will. Heute haben wir eine Bundeskanzlerin und in Amerika schickt sich auch die Frau des ehemaligen Präsidenten an, selber Präsidentin zu werden.

Wenn man sich die Geschichte der Emanze anschaut, kann man viel lernen. Zum Beispiel, dass man heute sogar manchmal die Frauen schief anschaut, die das darstellen wollen, was Männer als typisch weiblich bezeichnen. Vielleicht war die Zeit der Emanze auch die letzte große Ära des Geschlechterkampfs. Es ging darum, wer was durfte, wer für Geld arbeitet und wer umsonst. Die Frauen sollten gefälligst am Herd stehen und für ihre Männer sorgen, damit sie gut genährt und lange ins Büro oder in die Fabrik gehen konnten. Außerdem sollten sie Kinder kriegen und die richtig erziehen, damit das Spiel sich in der nächsten Generation fortsetzen ließ. Das nannte man geschlechtsspezifische Arbeitsteilung. Die ist durch die Tiefkühlpizza und die preisgünstigen polnischen Putzfrauen aber weitgehend obsolet geworden. Heute rennen die Frauen auch ins Büro und streiten sich mit den Männern um die Jobs. Die wichtige Trennung läuft nicht mehr entlang der Geschlechter, sondern zwischen denen, die fit sind, und denen, die es nicht sind. Ob die Fitten männlich oder weiblich sind, spielt keine allzu große Rolle mehr.

Aber damals gab es nur fitte Männer. Frauen, die es ebenfalls waren, nannte man zum Beispiel Flintenweiber. Wer gut aussah und noch dazu klug war, hatte als Frau schlechte Karten. Das ist lustig, denn heute sind in der Schule die meisten sogenannten »Problemschüler«, also die, mit denen die Schule ein Problem hat, Jungens. Mehr Mädchen als Jungen machen das Abitur und auch an den Universitäten sind sie bei den Studierenden schon in der Mehrzahl. Bei den Professoren sitzen immer noch mehr Männer und die hätten auch gerne, dass das so bleibt. Wird ihnen aber auf Dauer nicht gelingen. Heute schreibt das Feuilleton auch mehr über den Neuen Mann als über die Rolle der Frauen. Das lässt den Verdacht keimen, dass mit dem alten etwas nicht in Ordnung ist.

Das ist das Schöne an abgelegten Feindbildern. Man kann zurückschauen und sieht dann, wie das alles zusammenhängt und wofür es gut war. Die Emanze nämlich war sozusagen kulturell die Vorbotin des Endes vom traditionellen Männerbild. Das müssen die Männer damals gemerkt haben, weil sie gar so garstig reagiert haben. Garstig reagieren immer nur die, die sich fürchten, etwas zu verlieren. Dabei wäre es doch ganz einfach. Sie müssten doch nur sagen: OK, die letzten paar tausend Jahre haben wir es probiert und alles ziemlich gegen die Wand gefahren (Kriege und Umweltzerstörung, sagen die Frauen, sind von Männern gemachte Probleme). Also Mädels, jetzt dürft ihr mal. Hier sind die Schlüssel zu den Schaltstellen der Macht. Wir gehen in der Zwischenzeit an den Herd und kümmern uns um die Kinder. Das ist ja heute auch einfacher wegen Pizza und Polinnen (s.o.). Aber vielleicht haben sie Angst vor der Rache der Emanzen. Vielleicht fürchten sie, von ihnen genauso behandelt zu werden, wie sie damals die Emanzen behandelt haben. Möglich wär's. Aber man weiß es nicht. Vielleicht wären die Frauen dann auch so beschäftigt mit anderen Dingen an den Schalthebeln der Macht, dass sie sich gar nicht mehr um die Männer kümmern würden. Das wäre denen dann aber vermutlich auch nicht recht. Wenn die Frauen sich nur mehr für die Jungs von den Chippendales interessieren würden. Der Mann als Mauerblümchen der feminisierten Spätmoderne. Das müsste man mal dem Feuilleton als Titel vorschlagen.

Nach den Frauen haben dann auch noch die Homosexuellen rebelliert und das war für den Mann ganz schlimm, denn die Schwulen, die waren noch eine viel größere Bedrohung als die Emanzen. Nicht nur dass die meistens besser (zumindest gepflegter) aussehen als die Heteromänner, und dann oft auch klüger sind und mehr Geschmack haben. Nein, auch die Frauen waren von den Schwulen manchmal mehr angetan als von den Heteromännern. Denn erstens sahen sie besser aus, zweitens waren sie kultivierter und drittens haben sie die Frauen vor allen Dingen nicht belästigt. Der Heteromann meinte ja immer, die Frau wartet nur darauf, dass er irgendwann sein Ding rausholt und es ihr besorgt. Das ist aber offensichtlich nicht immer der Fall. Nur, der Heteromann merkt es nicht, und die Frauen, also die vor der Zeit der Emanze, haben sich auch nicht getraut, es zu sagen. Das wäre dann nämlich eine Verweigerung der ehelichen Pflichten gewesen.

So, liebe Kinder, jetzt wisst ihr, wie das damals war, als die Emanze ein großes Feindbild darstellte und die ganze sexuelle Ordnung der Geschlechter durcheinander geriet. Und wenn ihr lange genug wach bleibt und genau zuschaut, wie die Frauen bald die Macht übernehmen, dann werdet ihr merken, dass sie es auch nicht besser machen als die Männer. Denn es kommt nicht darauf an, welches Geschlecht eine oder einer hat. Das behaupten nur die Biologen, die müssen das aber auch, weil ihnen sonst ja die Natur weg-

bricht. Worauf es ankommt, ist die Art, wie die Leute mitei-
nander umgehen, in der Freizeit und beim Arbeiten und –
jetzt sag ich Euch noch etwas, das auch ein schönes Feindbild ist – es hängt alles an dem blöden Eigentum und der
Kapitalverwertung und der Globalisierung. Aber das erzähl
ich euch ein andermal.

Feinde in den Alpen

Tief sitzende landsmannschaftliche Ressentiments gehören zum kulturellen Grundrepertoire des selbstbewussten Europäers. So manches Häme heischende Feindbild erwächst aus enttäuschungsresistenten Vorurteilen über die wesensmäßige Andersartigkeit der Bewohner benachbarter Regionen. In der Regel sind es geografisch und klimatisch bedingte Besonderheiten, die da ins gleichsam Anthropologische verlängert, zu deftigsten Formen eines banalen Regionalismus verdichtet werden. Der Deutsche, so er sich den südlichen Stämmen zurechnet, neigt dazu, die Flachländler im Norden zu Langweilern zu stilisieren, monoton wie die norddeutsche Tiefebene, Menschen, die zum Lachen in den feuchten Keller gehen und keinen Spaß verstehen. Im Hinblick auf die kollektiven Mentalitäten in den südlichen Regionen des Landes mutmaßt hingegen der Bewohner der Nord- und Küstenprovinzen, dass ein Leben in den engen Schluchten der Alpen den Horizont verenge, was sich dann beispielsweise in der Parteienlandschaft widerspiegle. Und das Scheitern aller Kanzlerkandidaten der CSU am politischen Zivilisations- und Intelligenztest nördlich des Mains belege dies aufs Trefflichste. Diese alte Nord-Süd-Achse des Vorurteils bekommt in jüngster Zeit Konkurrenz von einer wachsenden Ost-West-Aversion, die solche altehrwürdigen Differenzen allmählich zum Verschwinden bringt. Der Ossi wird zum Bayern des Preußen.

Ähnliches findet sich beim Österreicher, dem die Bewohner des Waldviertels oder auch der Burgerländer das sind, was der Ostfriese dem Deutschen, ein Menschenschlag, über dessen intellektuelle und kulturelle Beschränktheit übelste

Witze gerissen werden dürfen. Nicht nachstehen mag da der Schweizer, bei dem das Gemeinwesen aufgrund seiner kantonalen Beschaffenheit geradezu das Ressentiment herausfordert – der Waadtländer gegen den Berner, der Genfer gegen den Züricher und alle gegen das Tessin, das fast schon dem Italiener zugerechnet wird. Man sieht, Globalisierung hin, Weltmarkt und Gleichmacherei her, wo einer sitzt, wo er herkommt und wie er spricht, spielt nach wie vor eine Rolle.

Die Optik lässt sich hier stufenlos verstellen und so kann man von den Mikromäkeleien, die sich zwischen den Bewohnern einzelner Stadtviertel entwickeln, über die erwähnten Regionalismen bis hin zu den ausgewachsenen Formen eines blutigen Nationalismus oder dumpfen Rassismus immer wieder ein ähnliches Muster finden. Die Varianten reichen von schlichtem Neid, über Häme, glorioser Selbstbeweihräucherung durch Feindbeschimpfung bis hin zur geschichtsfälscherischen Selbststilisierung als Opfer böswilliger Nachbarn, Barbaren und Vandalen. Hauptstadt gegen Provinz, Nord gegen Süd, Ost gegen West und irgendwie ein jeder gegen jeden, je nach Situation, Bedarf und Bedürfnis mit wechselnden Loyalitäten.

Wenden wir uns zu Demonstrationszwecken dem Terrain von Feindbildern mittlerer Reichweite zu und betrachten die komplexe Dynamik, die sich hier aus einer Dreierkonstellation ergeben kann, wie sie aufs Trefflichste von den – mehr oder weniger – deutschsprachigen Nachbarländern Österreich, Deutschland und Schweiz repräsentiert wird. Vielfältigste Verbindungen und Fronten ergeben sich aus diesem Zusammenspiel. Es handelt sich hier gewissermaßen um eine Übung für diejenigen, die mit der klassischen Zweierkonstellation, auf der die anderen hier behandelten Fälle basieren, bereits so weit vertraut sind, dass sie sich im Jonglieren mit drei Elementen versuchen wollen.

Es sei, so hört man beispielsweise böse deutsche Zungen lästern, den Österreichern gelungen, aus Hitler einen Deutschen und aus Beethoven einen Österreicher zu machen. Hätten sie ihn damals an der Wiener Kunstakademie aufgenommen, der Welt wäre einiges erspart geblieben! Dagegen jammert der Österreicher, Hitler hin, Beethoven her, dass heute seine Universitäten von deutschen Studenten und seine malerischen Alpentäler von ausländischen Lastwagen überflutet werden und ruft um Abhilfe nach Brüssel, wo man ihm jedoch eine lange Nase macht und auf die diversen Freizügigkeiten verweist, zu deren Einhaltung er sich vertraglich mit dem Beitritt zur EU verpflichtet hat. Da hat es der Schweizer besser. Der kann rein vergangenheitsbewältigungstechnisch die Hände in Unschuld waschen (auch wenn er wie alle anderen ordentlich Dreck am Stecken hat), für die Benutzung seiner Autobahnen ohne Rücksichtnahme kassieren und den Schwerverkehr durch Abgasvorschriften und Mauterhöhung zum Österreicher umleiten. Das tut er auch hemmungslos und nur auf seinen eigenen Vorteil bedacht, was dem Österreicher und dem Deutschen – wg. EU – nicht mehr erlaubt ist. Der, vom Österreicher abschätzig als Piefke tituliert, gilt in den Augen seiner alpinen Nachbarn als Furcht einflößender Musterknabe bei der Umsetzung von Richtlinien aus Brüssel. Was dem Schweizer aber wieder egal sein kann, weil der von den Deutschen nur die reinlässt, die Geld mitbringen – was der Österreicher früher auch getan hat, aber jetzt nicht mehr so ohne weiteres tun kann, was ihn wiederum auf den Schweizer schimpfen lässt. Der aber freut sich, und lässt gerne die Häme hinsichtlich der diversen, ihm angedichteten kulturellen Defizite über sich ergehen – Hauptsache die Euros fließen zum Schweizer Franken und der deutsche Rennfahrer Schumacher bleibt nebst weiteren passdeutschen Großverdienern mit seinem Wohnsitz in der Schweiz gemeldet. Das aber ärgert wieder den Deutschen, weil ihm die Steuern vom Schumacher und anderen entgehen, während der am Genfer See versucht, in Saus und Braus zu leben. Ja, versucht. Denn so richtig zum Exzess neigt der Schweizer nicht. Selbst beim Jazzfestival in Montreux kreist eher die Toblerone als das Koksröhrchen und wenn der Schweizer den Hanfanbau legalisiert, dann tut er das nicht zur Unterstützung der Subkultur, sondern weil es billiger ist, die harmlosen Kiffer unbehelligt zu lassen, statt sie zu verfolgen. Rechnen kann er nämlich, der Schweizer. Das nun wiederum ärgert den Deutschen in der Figur des Süddeutschen (Baden-Württemberger oder Bayern), denn der muss jetzt hinter der Grenze mit seinen Polizisten dem Ameisenhandel mit dem in Deutschland verbotenen Kraut zu Leibe rücken.

Da sieht man dann wieder mal, dass moralfreie Kostenrechnung nach dem helvetischen Ritus dem moralisierenden Drogenkrieg, wie ihn der Deutsche und der Österreicher gegen das Teufelskraut Cannabis führen wollen, überlegen ist. Für die Moral hält sich der Schweizer seinen Blocher, der darf dort Politik machen, was aber weiter keinen stört. Damit aber kommt er bei den Gutmenschen aus Deutschland und Österreich nicht durch. Die sehen das weniger gelassen. Der Österreicher beispielsweise nimmt seine Politpopulisten ernst, erregt sich und schreibt offene Briefe, in denen er folgenlos vor Faschismus warnt. Der Deutsche schickt ihnen erst mal den Verfassungsschutz auf den Hals und blamiert sich dann vor den Gerichten mit Parteienverbotsanträgen.

Zum Schweizer schaut der Deutsche gemeinhin wohlwollend, weil er das Land für einen Hort von Sicherheit, Ordnung und Sauberkeit hält, was aber nur daran liegt, dass er zu viel Heidifilme und zu wenig echte Schweizer gesehen hat. Der Österreicher hingegen pflegt ein gespaltenes Verhältnis – das tut er meist und zu allem, vor allen Dingen zu sich selbst – zum Schweizer. Das liegt neben dem bereits erwähnten Problem mit dem Transitverkehr auch an der allzu großen Ähnlichkeit der beiden Länder: klein, alpin, hinter dem Geld der anderen her, sei es im anonymen Bankdepot oder in der Tourismusindustrie. Um den Vorrang als bester Weltschauplatz im Westentaschenformat konkurrieren beide und die internationalen Organisationen, die legalen, wie die weniger legalen, verteilen ihre Repräsentanzen und Finanzen gerecht auf die beiden sich ihrer Neutralität und Diskretion rühmenden Alpenländer. Jetzt richten die beiden zusammen sogar eine Fußballeuropameisterschaft aus – alleine hätte vermutlich keines der beiden Länder ausreichend Stadien, um alle Spiele in der erforderlichen Zeit auf den Rasen zu bringen. Das entlockt wiederum dem größeren Nachbarn nur ein mildes Lächeln, denn die Deutschen haben gerade eine Fußballweltmeisterschaft ausgerichtet und mit ihrer Nationalmannschaft dort sogar die ersten Runden überlebt. Da nun droht neues Ungemach in der Dreierkonstellation, denn sowohl die Deutschen, als auch die Schweizer werden bei diesem Wettbewerb vermutlich besser als die Österreicher abschneiden. Das aber darf nicht als Ausdruck mangelnder österreichischer Ballkunst gedeutet werden. Was sich hier dann abspielen wird, ist Gegenstand der genauesten Beobachtung der Feindbildforschung, und die dabei zu gewinnenden Befunde werden zu gegebenem Zeitpunkt in den drei Ländern dem Publikum im Rahmen der Präsentation eines Werks über dreiwertige Feindbildkonstellationen vorgestellt werden.

Fünfte Abteilung: *ein* =
Feindbilder für die gebildeten Stände

Wir kommen nun zur letzten und größten Abteilung: Der Abteilung der Feindbilder für die gebildeten Stände. Aufgrund der doch relativ großen Anzahl von Beispielen, die hier vorgestellt werden, schien uns eine Unterteilung sinnvoll. Wir unterscheiden also zwischen – Unten, Mitte und Oben. Zur Erläuterung dieser Einteilung kurz ein paar Worte.

Es gibt Dinge, die sind dem kultivierten Menschen ein Graus. Zumeist spielen sie sich in der sozialen Topographie, die der kultivierte Mensch verwendet, »unten« ab. Wir haben als Beispiele hierfür den Hamburger (den von McDonald's), den Stammtisch und die Konsumgesellschaft gewählt – drei sehr heterogene Fälle, aber Sie werden sehen, was sie verbindet.

Mitte meint all das, was den Mitgliedern der gebildeten Stände auch unter ihresgleichen begegnet, mit dem auch sie sich auseinandersetzen müssen, nicht nur die anderen, mit denen man eigentlich nichts zu tun haben möchte, die beim Discounter einkaufen und sich tätowieren lassen. Auch hier drei Beispiele, die Ihnen die Breite und Tiefe des hier feindbildmäßig zu beackernden Raums vor Augen führen sollen. Wir machen Sie in dieser Abteilung bekannt mit dem Englischen als dem Desperanto der Weltgesellschaft, dem Handy, der piepsenden Geißel der Menschheit, und dem Callcenter, dem Äquivalent zu Kafkas Schloss in der E-Bay-Gesellschaft. Ferner informieren wir Sie über das Pendant zum Hamburger und gehen kurz auf die neue Form des Essens als Event ein. Und aus der Gruppe der Geißeln gibt es als Dreingabe zur Erbauung noch die Jogger, Walker und anderen Hypermobilen.

Bleibt als letzte Abteilung ein kurzes Arrangement von zwei hochgestellten, also: medial hochgekommenen Degoutanten: der Prada-Proll und eine kleine Skizze über die führenden Köpfe der labernden Klassen.

Wir bewegen uns hier im weiten Bereich dessen, was früher »Kulturkritik« genannt und damit als konservatives Mosern und nostalgische Fortschrittsfeindschaft von theoretisch geklärter Empörung über den Zustand der Gesellschaft unterschieden wurde. Wir meinen, man kann auch aus diesen manchmal etwas wehleidigen Impulsen viel machen, wenn man sie als Symptome untersucht. Nicht zuletzt als Symptome für den desolaten Zustand der gebildeten Stände. Geeignete Pflege und sorgliche Beobachtung des eigenen reichhaltigen Bestiarium Inimicum ist ein wichtiger Teil jedes intellektuellen Lebens.

Die da unten

Der Hamburger

Von der Konsistenz eines feuchten Schwamms, der Geschmack wie nasse Zeitung und beim Anblick die Erinnerung an eine Fliegende Untertasse aus einem Fünfzigerjahre Film – so kennen wir ihn: den Hamburger. Neben Coca-Cola zählt diese als Nahrungsmittel kaschierte Form der Körperverletzung zu den Insignien des weltweiten Siegeszugs des American Way of Life. Wer in den Hamburger beißt, beweist damit, dass er weder von Ernährung noch von Kultur viel hält. Spült der Betreffende dann noch mit Coca-Cola aus einem großen Pappbecher nach, dann steht fest: Hier futtert ein Mitglied der bescheuerten Klassen. (→ Die neue Unterschicht)

Die Folgen sind absehbar. Ein morphologischer Blick nach Amerika zeigt, wie sich die Körperformen durch Fastfood verändern. Während der gute Deutsche, wie wir ihn kennen, in seiner übergewichtigen Ausführung meist nur einen Kugelbauch vor sich her schiebt, ein Globusdieb auf dürren Beinen, wirken die typischen fetten Amerikaner, als hätte man sie mit einer Luftpumpe traktiert. Sie sehen aus wie Michelin-Männchen, rundum aufgepumpt; als würde die weiche Substanz des Hamburgers die Haut gleichmäßig über die ganze Körperoberfläche unterfüttern – Faltenbeseitigung für die Unterschicht, die sich Botox nicht leisten kann. Glaubt man neuesten Untersuchungen, hat es dort auch schon die Tierwelt erwischt. Amerikanische Pferde leiden immer häufiger unter Fettsucht, weil das Gras auf der Weide für die Kühe gentechnisch so verändert ist, dass die schön schnell fett werden.

Die hervorstechende Eigenschaft dieses hierzulande im Wesentlichen von den zwei großen Anbietern Burger King und McDonald's vertriebenen Produkts ist die Kombination aus überschaubarem Nährwert mit maximalem Fettgehalt. Damit setzt der Hamburger eine Tradition fort, die jeder, der sich schon mal durch ein amerikanisches Frühstück gearbeitet hat, sofort erkennen wird. Gegen den Hintergrund von Bacon, Beans, Eggs, Sausages und fettiger Kartoffelpampe kann man der Werbung von McDonald's, »gesunde Nahrung« anzubieten, beinahe etwas abgewinnen. Diese Tradition von amerikanischem Fettfraß durch industrielle Massenproduktion aufnehmend, ist der Hamburger zum Sinnbild des kulinarischen GAU geworden.

Seine Nährstoffbilanz ist so ausgewogen wie die Fernsehansprache des amerikanischen Präsidenten am Vorabend des Einmarsches in den Irak. Und als ebenso aufgeblasen, inhaltsleer und schwer verdaulich wie dessen Floskeln entpuppt sich der Hamburger. Die Parallelen ließen sich fortsetzen: Wer dem amerikanischen Präsidenten glaubt, der hält auch dieses Symbol amerikanischer Kulturlosigkeit in der Form einer Hackfleischbulette für ein Lebensmittel. Standardisiert wie die präsidiale Rhetorik und auf den Massengeschmack hingetrimmt, wandert der Hamburger eingewickelt in dünnes Papier über den Tresen – die Luxusvariante kommt verpackt im bunt bedruckten Sarg aus Pappkarton.

Das Personal der Fastfood-Restaurants entstammt kulturell der gleichen Schicht wie die Kunden. Einzig die Uniform derer hinter dem blank gewienerten Tresen unterscheidet sie von denen, die sie bedienen. Hier trifft sich, wer ästhetisch nichts mehr zu verlieren und kulinarisch nichts mehr zu gewinnen hat. Abgepackte Geschmacklosigkeit serviert in einem Ambiente, dessen wesentliche Eigenschaft seine Abwaschbarkeit ist. Einmal mit dem Kärcher durch und die Bude glänzt wieder.

Was aber hat den globalen Siegeszug dieses Objekts der gesundheitsschädigenden Begierde befördert? Mischen sie suchtfördernde Substanzen in das Fleisch? Ist es die schreiende Werbung, die Befriedigung beim ersten Biss ins geschmackliche Nichts verspricht? Oder ist es einfach die Niedrigschwelligkeit des Zugangs zu einer Art von Nahrungsaufnahme, die weder Kenntnisse noch Anstrengungen oder Umgangsformen erfordert – nicht einmal die Kompetenz, ohne Verletzungsrisiko mit Besteck umzugehen? Keine Türsteher, keine Kleiderordnung, keine Wartezeit. Selbst Lesen, wichtige Voraussetzung für das Verständnis einer Speisekarte, muss die Kundschaft nicht können. Dank der Bilder über der Fütterungsstelle ist jeder Interessent sofort über das Angebot informiert. Wenn da ein Pappbecher, eine Papiertüte, aus der Pommes herauslugen, und der unvermeidliche Burger abgebildet sind, dazwischen jeweils ein Pluszeichen und dahinter eine Zahl mit einem ?, dann genügt das. Am Tresen geht es ruck, zuck: keine Bestellung dauert länger als ein paar Sekunden und dann schiebt sich der nächste Kunde vor.

Völlig überflüssig, noch Sparmenü in Buchstaben daneben zu schreiben. Wer dort isst, hält Saltimbocca für einen italienischen Hip-Hopper und Coq au Vin für eine Jeansmarke.

Den größten Gewinn aber ziehen aus dem Hamburger seine Kritiker. Während die meist jugendlichen Konsumenten sich den Rest ihrer Milchzähne wegmampfen, bringen die Kritiker das schwere Geschütz der Volksgesundheit ins Spiel, munitioniert mit der tödlichen Waffe der Sorge um unsere Kinder. Denn auf die haben es die Burgerbrater besonders abgesehen. Die vom Hamburger bedrohte Jugend muss vor dem großen Satan Ronald McDonald bewahrt werden. Der ködert sie mit allerlei Plastikfiguren aus den jeweils aktuellen Disneyfilmen, dem Angebot, Geburtstagspartys auszurichten, und der Erlaubnis, den Tisch so mit Ketchup zu versauen, wie es die liberalste Mutter nicht zulassen würde. Dazu die Eltern dort, wo die Kleinen die Hauptklientel bilden, mit kostenlosem Zugang zu einem Spielplatz mit Rutsche und Schaukel. Zugegebenermaßen ist es die stressärmste und preisgünstigste Möglichkeit, zwei oder drei Kinder im Vorschulalter ruhig zu stellen und vorübergehend zu sättigen. Wären da nicht die befürchteten Nebenfolgen wie Diabetes, Übergewicht und Zahnverfall.

Es passt in der Kulturkritik wieder mal alles aufs Trefflichste zusammen. In der fortpflanzungsaktiven Unterschicht, wo der Fernseher zum Erziehungsberechtigten geworden ist, herrscht in der Küche meist gähnende Leere. Solange für Vati noch ein paar Dosen Bier im Kühlschrank sind, macht sich Mutti keine Gedanken. Wird die Brut dann quengelig und ist auch mit RTL nicht mehr ruhig zu stellen, hilft nur mehr der Gang um die Ecke zum Burgerpalast. Die Tabletts pommesvoll gepackt und fertig ist das Abendessen für die Kleinen. Die Gesundheits- und Familienministerinnen schlagen die Hände über dem Kopf zusammen. Die gebildeten Kreise stochern im Salat und rümpfen die Nase ob dieser Ernährungsweise. In der Presse geht das Schimpfwort »Kaloriat« um.

Schon erwägt man obligatorische Elternkurse, und Ernährungskunde soll als Schulfach mehr Bedeutung bekommen. Wer sein altersgemäßes Standardgewicht überschreitet, schreibt dann hundertmal: Ich soll keinen Big Mac essen oder Cola macht dick. Wenn das auch nichts hilft, dann kommt der Sozialarbeiter als Salatberater in die Familie und verteilt Diätpläne an die verantwortungslosen Eltern. Wäre es nicht an der Zeit, nach dem Werbeverbot für Alkohol und Zigaretten, Heroin und Kokain auch das Anpreisen von Hamburgern unter Strafe zu stellen?! Oder vielleicht diese Art verpackungsintensiver Nahrungsmittel mit entsprechenden Warnhinweisen zu versehen: Fastfood fügt Ihnen und den Menschen in Ihrer Umgebung erheblichen Schaden zu. Schön wäre auch: Wer Hamburger isst, stirbt früher. Vielleicht könnte man auch Mahnwachen vor den einschlägigen Läden organisieren. Einschlägige Prozesse in den USA, bei denen jugendliche Diabetiker McDonald's verklagt haben, sind bisher gescheitert. Aber der Kampf geht weiter und nach Big Tobacco steht jetzt Big Food auf der Abschussliste der Puritaner.

Jedenfalls werden wir unsere Kinder nicht mit Pommes füttern und ihnen von klein auf vermitteln, dass eine ausgewogene Ernährung das A und O eines gesunden und erfolgreichen Lebens ist. Und was eine gute Mutter ist, die sollte darauf achten, dass sie auf dem Heimweg vom Kindergarten nicht bei McDonald's vorbeikommt. Denn sonst kann es passieren, dass sich die Ärmchen zu den strahlend goldenen Bögen des großen M strecken, und erstaunt müssen wir hören, welche Sätze unsere Kleinen im Kindergarten von ihren Spielkameraden gelernt haben: Mama, Mama, Big Mac.

Der Stammtisch

Wo drei oder mehr Männer zusammen sind, entsteht sehr leicht der Stammtisch. Besonders dann, wenn Alkohol die Zunge löst und vertrauliche Zuneigung unter den Anwesenden wachsen lässt. Genau genommen sind es weniger Tische als Theken, an denen sich solche Runden der politischen und kulturellen Globaldiagnose bilden. Am deutschen Tresen soll die Welt genesen – so das ungeschriebene Gesetz derartiger Männergruppierungen. Die Ursprünge dieser Form geschlechtsspezifischer Geselligkeit liegen weit zurück in der Frühgeschichte der Menschheit. In ihrer traditionellen Form konnte man sie bis in die jüngste Vergangenheit im Dorfgasthaus studieren, wo vermutlich auch der Name entstand. Hier traf nach der sonntäglichen Messe oder zu festgelegten Zeiten werktags nach der Arbeit die Runde der örtlichen Honoratioren zusammen. Man hatte einen angestammten Platz im Gastzimmer, der in manchen Regionen auch als solcher gekennzeichnet war. Stammtisch stand dann auf einem Schild aus Metall, das an schmiedeeisernen Girlanden geschmackvoll über einem mächtigen Aschenbecher angebracht war und jedem Gast bedeutete, sich besser für einen anderen Sitzplatz zu entscheiden. Die Männer, auch als Stammtischbrüder bezeichnet, saßen, tranken und redeten dort, meist einmal die Woche (und oft länger, als ihren Frauen lieb war). Das Gespräch kreiste um Fragen von lokaler Brisanz, vernachlässigte aber keineswegs komplizierte weltpolitische oder philosophische Probleme. Diese Vielfalt der Themen fordert ihren Preis. Stammtischbrüder standen nicht nur im Ruf, die Angelegenheiten der Gemeinde im Wirtshaus im Sinne ihren eigenen Interessen zu regeln. Kein Thema von Aktualität und Bedeutung war ihnen fremd. Diese Vielfältigkeit überfordert irgendwann auch den weitesten Horizont und so ist es wenig verwunderlich, dass Stammtischrunden zwar zu allen Themen klare Standpunkte und stabile Urteile entwickeln, diese aber oft von einer strahlenden Dummheit und beängstigender Engstirnigkeit geprägt sind. Daher ihr schlechter Ruf.

Das Interessanteste an Stammtischrunden ist für den Außenstehenden die fulminante Dynamik, die sie aus relativ ruhigen Anfängen heraus entfalten können. Wer kennt nicht die segensreiche Wirkung des Alkohols auf die Sicherheit des Urteils, den Mut und das unerschrockene Eintreten für die eherne Wahrheit. Hat sich nicht ein jeder schon mal Mut angetrunken? Und zeigt nicht die zwischenmenschliche Chemie immer wieder, dass alle guten Vorsätze in Alkohol löslich sind? Bedenkt man darüber hinaus noch, was bereits die Alten wussten, wenn sie skandierten: Gemeinsam sind wir stark!, so wundert es wenig, dass aus einer ruhigen Gruppe von nachdenklichen Männern mittleren Alters in kürzester Zeit eine eingeschworene Gemeinschaft überzeugungsfester Vollidioten werden kann. Im sicheren Glauben, dass Pils und Korn aus dem heiligen Quell der Weisheit fließen, versteigen sie sich zu Behauptungen über Gott und die Welt, die keinen Vergleich mit jeder noch so bissigen Satire zu scheuen brauchen. Manche Autoren haben als aufmerksame Beobachter solcher Runden Material für ganze Romane gesammelt, und es ist vermutlich kein Zufall, dass Irland, die Insel der geselligen Trinkrunden, mehr Literaturnobelpreisträger hervorgebracht hat, als manche weitaus größere Nation.

Was die Themen anbelangt, wir sagten es bereits, so kennt der Stammtisch keine Grenzen. Aber er kennt Vorlieben.

Neben den typisch männlichen Zentralthemen: Frauen, Autos und die eigene Größe, die gleichsam das intellektuelle Grundrauschen eines typischen Stammtischpalavers bilden, richtet sich die Aufmerksamkeit und das Interesse der Anwesenden mit Vorliebe auf Themen, die einen aktuellen Bezug haben. Stammtische funktionieren dabei wie eine Art mentales Mahlwerk. Sie zerkleinern sperrige Brocken in eine brabbelnde Masse, die sich in jede Schablone pressen lässt. Das Produkt sind dann etwa *der* Politiker, *die* Arbeitslosen, aber auch *der* Amerikaner oder einfach *die* da oben. Es ist immer wieder erstaunlich, wie sich aus solchen Standardfigurationen hochkomplexe Deutungen entwickeln. Das klingt dann etwa so: Weil der Amerikaner den Dollar runterfährt, gibt es weniger Arbeitsplätze, was den Politiker aber kalt lässt, weil er sich eh nur für die da oben interessiert und der Arbeitslose muss sich dann halt mehr anstrengen und sehen, wo er bleibt.

So also verhält es sich mit dem Stammtisch. Das weiß ein jeder, der darüber spricht, und das macht den Stammtisch zum gern genommenen Feindbild. Denn wofür steht er? Für lernresistente Vorurteile, wenig fundierte, aber nichtsdestotrotz im Brustton der Überzeugung vorgetragene Meinungen und ein eher konservativ rückständiges als aufgeklärt fortschrittliches Denken. Der Stammtisch als Vergleich wird bemüht, wenn die Position der anderen nicht zu den eigenen Vorurteilen passt, wenn man, statt sie zu widerlegen, sie einfach der Dummheit zeihen möchte. Wer den Stammtisch zitiert, der zeigt, dass er die Dinge differenzierter, abwägender sieht. Der weiß, dass er mehr als die anderen weiß, besser informiert und schlichtweg klüger ist. Die Linie, die den Stammtisch vom fundierten Urteil über die Zeitläufte unterscheidet, trennt zwischen dem leichtgläubigen Ignoranten, oder etwas einfacher formuliert: der breiten Masse und der kleinen Gruppe kritisch-informierter Zeitgenossen. Diese leisten sich den Luxus einer eigenen Meinung und sind immer in der Minderheit, dafür aber auf der richtigen Seite.

Wie wir an anderen Fällen gesehen haben, spielt das Verhältnis von Mehrheit und Minderheit eine bedeutende Rolle, wenn es um Feindbilder geht. Hier sehen wir nun eine etwas andere Konstellation als zum Beispiel beim Ausländer (→ s. dort). Man hält es sich zugute, der Minderheit anzugehören. Man möchte nicht so sein wie jene, die da dumpf im Kollektiv denken und urteilen. Man möchte, gerade dann, wenn ein Thema auf der öffentlichen Tagesordnung steht, sich nicht mit denen gemein machen, die alles schwarz oder weiß sehen und man möchte schon gar nicht eine Meinung teilen, die sich an den Medien der bildungsfernen Schichten orientiert. Also nehmen die abwertenden Hinweise auf den Stammtisch immer dann zu, wenn die Öffentlichkeit bei einem aktuellen Thema in Dauererregung gerät. Besonders apart wirkt es, wenn etwa Moderatorinnen, die ihr Wissen vom Teleprompter ablesen, in Talkrunden abschätzig auf die Lufthoheit über den Stammtischen verweisen, gegen die kein Kraut der besseren Einsicht gewachsen sei. Man bricht vermutlich keine Lanze für die Dummheit, wenn man in solchen Situationen den Stammtisch manchmal in Schutz nehmen möchte.

Es gibt darüber hinaus eine Reihe von guten Gründen, mit denen der Stammtisch verteidigt werden kann. Denn wo sonst können Männer, die sich tagsüber viel gefallen lassen müssen, die oft verwirrt sind von der Welt, wie sie ist und die nicht wissen, ob sie morgen noch jemand finden, der ihrem Ego ein wenig Anerkennung zollt, sich ihres gemeinsamen

Leids durch Verbrüderung und Vereinfachung versichern? Ist es da nicht nachgerade ein Gebot der Volksgesundheit, solche Formen zu fördern? Was wird nicht alles abgearbeitet in solchen Runden, wie viel Trost können sie spenden und wo gibt es ein dankbareres Publikum für die Inszenierung der eigenen Einmaligkeit?! Und diese Probleme streuen über alle Schichten. Auch die jungen und dynamischen Erfolgsmänner, die Mächtigen und Reichen, die Schlauen und Gebildeten zittern um ihre Anerkennung und brauchen ihresgleichen zur sozialen Selbstversicherung. Das heißt dann vielleicht nicht Stammtisch, sondern After Work Get Together auf einen Sundowner (bei den anglophilen Jungdynamikern) oder schlicht Salon (bei den belesenen Alteuropäern aus dem gehobenen und erhabenen Bildungsbürgertum). Auch dort wird über den Zustand der Welt geredet, und ob die gemeinsam geteilten Befunde jenseits der Runden, in denen sie hervorgebracht werden, angemessener sind als die Parolen des Stammtischs, das möge ein jeder selbst überprüfen.

Die Konsumgesellschaft

Von Armani und Benetton bis Yves St. Laurent und Zara geht die Konsumgesellschaft durch das gesamte Alphabet, um uns ihre Verlockungen anzudienen. Markenfetischismus ist zur Störung mit Krankheitswert geworden und eine ganze Industrie lebt davon, die teuren Artikel mit dem entsprechenden Aufdruck als billigste Imitation in Fernost zu klonen, um sie hier auf den halblegalen Markt zu bringen – gleichsam die Generika im Markt der Markenproduzenten: wirken genauso, kosten aber nur einen Bruchteil. Das beklagen die Hersteller des Originals und fürchten um den Status ihrer teuren Fummel. Wenn der schöne Schein schon zum Objekt plagiierender Begierden wird, dann steht zu befürchten, dass irgendwann keiner mehr bereit ist, tausend Euro für eine Tasche auszugeben, die wirklich von Prada stammt. Aber das sind Fantasien von einer weit in der Zukunft liegenden Zeit. Im Moment hageln die Angebote noch auf die Konsumenten herab, und es ist nahezu unmöglich, vor ihnen in Deckung zu gehen. Wer nichts mehr will, sondern nur mehr die aufdringlichen Angebote der Werbung ablehnt, wer meint, die Konsumgesellschaft hinter sich gelassen zu haben, der wird bombardiert mit Angeboten zum Konsumverzicht. Die kommen meist daher in der Form von handwerklich hergestellten Produkten, fair gehandelt, ohne Kinderarbeit und mit positiver Ökobilanz. Schon blüht der Alternativmarkt der kritischen Konsumenten und macht dem normalen Gewerbe Konkurrenz. Vermutlich ist es nur mehr eine Frage der Zeit, bis irgendein alternativer Versandhandel einen biologisch abbaubaren DVD-Spieler anbietet, der nur dann läuft, wenn aus der Dose Ökostrom fließt.

Wenn aber folgender Fall eintritt: die Lieblingssommerleinenhose hat nach vielen Jahren treuer Dienste einen irreparablen Schaden und muss ersetzt werden. Dann zeigt die Konsumgesellschaft ihr wahres Gesicht. Hinter der scheinbaren Vielfalt der bunten Angebote verbirgt sich eine uniforme Einfältigkeit, die – entkleidet man sie der drapierten Präsentationsanstrengungen – sich in nichts von der Tristesse der Angebote in den Auslagen der Läden des versunkenen Realsozialismus unterscheidet. Zurück zur Lieblingssommerleinenhose. Die umspielt in Größe 42 locker das Bein, ist hellbeige, gerade geschnitten, mit schräg angesetzten Taschen und dem Hosenbund da, wo er hingehört. Die Aufgabe: Finden Sie einen Ersatz, der diesen zunächst keineswegs ungewöhnlich erscheinenden Kriterien entspricht.

Es beginnt damit, dass in den Läden, die den Eindruck erwecken, als würden sie auch Leinensommerhosen verkaufen, das (zumeist jugendlich-weibliche) Personal den Kunden deutlich spüren lässt, für welchen Stundenlohn es mehr oder weniger dekorativ zwischen den Reihen der angebotenen Kleidungsstücke herumstehen darf. Man muss hier gar nicht die alte Kritik von der Servicewüste bemühen. Es beginnt schon viel früher im Bereich zivilisierter Umgangsformen und minimaler Vertrautheit mit dem Warenangebot. Von denen lebt die Konsumgesellschaft offensichtlich nicht. Es setzt sich damit fort, dass die Hose im klassischen Schnitt in dieser Saison, in diesem Geschäft nicht im Angebot ist. Auch im nächsten nicht und im übernächsten auch nicht. Was da als Hose feilgeboten wird, erinnert eher an die Beinkleider von Babys, der Schritt hängt zwischen den Knien und eine Klinikpackung Pampers wäre locker darin zu verstauen. Also wechseln wir die Liga. Vielleicht ist die Lieblingssommerleinenhose in den letzten Jahren zum Accessoire der besser verdienenden Kreise geworden und wird nur mehr in den Läden verkauft, die von dieser Klientel frequentiert werden. Dort gibt es zwar nicht die sonst überall angebotenen Windelhosen, aber Hellbeige und Leinen sind diesen Sommer totaaal out, wie uns der elegant und modisch dezent gekleidete junge Verkäufer wissen lässt, der eher Interesse an dem männlichen Kunden als an dessen Wünschen zeigt. Auch die Armani-Gucci-Boss-Tour führt so zum gleichen Ergebnis. Keine Hose, die auch nur im Entferntesten eine Ähnlichkeit mit der Lieblingssommerleinenhose hätte. Dafür freundlicheres Personal.

Inzwischen ist der halbe Tag vergangen, die Aufgabe des Hosenkaufs ist unbewältigt und ein Zwischenresümee der Konsumgesellschaft ergibt folgenden Befund: In den unteren Klassen weiß keiner, was er im Regal hat, das Personal ist entweder abwesend, inkompetent oder unfreundlich, meist alles auf einmal. Dafür steht vor jeder Türe, auch und gerade bei den Billigläden, ein finster dreinblickender Wachmann von der Sicherheitsfirma, dem der zusehends verzweifelnde Kunde neidisch auf die Beinkleider schaut, denn er trägt eine Hose des gesuchten Schnitts (wenn auch in der falschen Farbe, nämlich schwarz). Aber man wagt es nicht, ihn darauf anzusprechen, aus Angst von ihm verprügelt zu werden. Auch eine Etage höher, bei den Nobelläden, regiert der Terror der angesagten Formen, Schnitte und Farben. Also auch hier Fehlanzeige. Enge Auswahl, enge Hosenbeine und kein Leinen, schon gar nicht in Hellbeige mit schräg angesetzten Hosentaschen. Wir haben gelernt: Letztes Jahr war wenigstens die Farbe en vogue und was nächstes Jahr kommt, weiß man erst nach den Modeschauen im Sommer. Faszinierend nur, dass dieser uniforme Mist in hundertfacher Ausführung in ebenso vielen Geschäften angeboten wird.

Man hat am Ende das Gefühl, durch eine Partitur von Philip Glass gelaufen zu sein: minimale Variationen eines einheitlichen Motivs endlos aneinandergereiht.

Die Geschichte der Lieblingssommerleinenhose wiederholt sich bei anderen Waren des täglichen Gebrauchs. Sie spielt sich ab in Super-, Elektro- und Baumärkten, bei Media Markt, Saturn und Ikea, Kaufhof, Karstadt, Quelle, und zwar immer dann, wenn man eine präzise Vorstellung von einem bestimmten Stück hat. Wer eine bestimmte Schraube, ein Werkzeug, einen Stuhl oder einen anderen klar definierten Gegenstand sucht, der wird scheitern. Besonders hart trifft es jene, die nach einem Ersatzteil suchen, vielleicht sogar noch für ein Gerät, das älter als sechs Monate ist. Die ernten, wenn es ihnen gelingt, einen Mitarbeiter in dem entsprechenden Geschäft zu finden, nur ein mitleidiges Lächeln – immerhin ein Lächeln.

Hier liegt das Geheimnis der Konsumgesellschaft. Die Bedürfnisse der Kunden passen sich dem Angebot an und wenn es angesagt ist, mit Windelhosen oder Schuhen in Clownsgröße herumzulaufen, dann will das der Konsument auch, weil ihm dieser »Look« von tausend Plakatwänden, von Fernseh- und Postwurfsendungen als das eingehämmert worden ist, wofür er gefälligst sein Geld auszugeben hat. Das nennt man Konsumentensouveränität. Und wenn er es nicht will, dann warten Manufactum und Co auf ihn. Wehe aber, er überlegt erst und geht dann einkaufen. Dann kann er entweder vor dem fehlenden Angebot kapitulieren und sich mit dem gleichförmigen Schrott begnügen, den man ihm in tausendfacher Ausführung anbietet, oder er macht es wie der Besitzer der Lieblingssommerleinenhose:

Gleich ums Eck von dessen Wohnung hatte ein türkischer Schneider eine Änderungsschneiderei eröffnet. (Alle Türken haben offensichtlich irgendwann das Schneiderhandwerk gelernt.) Als der die Hose und den Schaden sah, kam er ins Grübeln. Eine Reparatur schien auch ihm unmöglich. Er verschwand im Hinterzimmer und kam mit einem Stoffballen zurück, leichtes Leinen, hellbeige. Für den Preis eines Paars Jeans aus der Armani-Boutique schneiderte der Türke zwei Hosen, die der Lieblingssommerleinenhose zum Verwechseln ähnlich sehen. Das deckt bei sachgemäßem Gebrauch den Bedarf für die nächsten zehn Jahre ab. Inzwischen hat sich eine für beide Seiten befriedigende Geschäftsbeziehung entwickelt, locker umspielt die neue Lieblingssommerleinenhose das Bein und nirgendwo ist ein verräterisches Markenzeichen aufgebracht, das anderen einen Hinweis geben könnte, wo es diese Beinkleider zu kaufen gibt.

Wir in der Mitte

Das Englische

Das Englische, schnell und einfach angeeignetes Weltidiom, derzeit noch Amtssprache der militärisch unangefochtenen Weltmacht USA, ein endlos sprudelnder Quell unsäglicher Kunst- und Lehnwörter. In bastardisierter Form dient es der Kommunikation zwischen den Kulturen, in den seltensten Fällen jedoch deren Verständigung – globales Desperanto der quasselnden Massen, das fast überall ausreicht, um ein Bier zu bestellen, aber nicht für viel mehr. Alle sprechen dieselbe Sprache, aber niemand beherrscht sie. Das Sprach- und Denkniveau wird damit für alle in gleicher Weise gesenkt. Gewinner ist der amerikanische Tourist, der auf jedem Fleck der Erde hemmungslos und ohne Vorwarnung die Eingeborenen anspricht, den Weg nach der nächsten Fastfoodbude erfragt (→ s. Der Hamburger) oder sich nach dem Alter eines Bauwerks erkundigt.

Zugleich adelt das Englische deutsche Arbeiter und Angestellte, indem es aus dem Hausmeister einen Facility Manager und aus dem Vertreter einen Account Manager macht. Die Position am Empfang, früher Portier genannt und ein Abschiebeposten, wird zum Front Desk Manager und die Sekretärin zur Office Managerin.

Beim schleichenden Wahnsinn, der sich in den Büros und verbliebenen Fabrikhallen ausbreitet, dient die Anglifizierung der Verschleierung der dort erblühenden Methoden der

Betriebsführung (s. → Der Experte). Wenn die Mitarbeiter eines Unternehmens sich gemeinsam und selbst Gedanken machen sollen, wie sie die Taktrate am Band noch erhöhen können, dann heißt das entsprechende Palaver Quality Circle – kurz QC. Denn das Englische in seiner von William Shakespeare abgefallenen Form bedient sich mit Vorliebe des Akronyms. Die Welt der elektrisch betriebenen Rechenmaschinen hört auf die Abkürzung ICT, die Kundenpflege nennt sich CRM, was für Customer Relations Management steht und jeder eingetragene Verein kann sich heute als NGO (Non-Governmental Organization) bezeichnen. Auch ist keiner mehr der Untergebene eines anderen, sondern berichtet an seinen Vorgesetzten – der eher seltene Fall einer wörtlichen Eindeutschung. Beim Amerikaner heißt es »reports to …«.

In diesen Sprechblasen ist der Geist der Angelsachsen gefangen. Eine ganze Mentalitätsgeschichte des American Way of Life oder der englischen Klassengesellschaft ließe sich an der systematischen Fehlbezeichnung von Dingen und Personen entwickeln. Die freundlich egalitäre Rede von Management suggeriert einen Grad an Entscheidungsfreiheit, Verantwortung und Autonomie, die den so bezeichneten Tätigkeiten nicht zukommt. Man muss die real existierenden Machtverhältnisse in der Sprache gar nicht mehr betonen. Das englische »You« differenziert nicht nach Status, und »team member« klingt einfach besser als Untergebener – du bist einer von uns, aber wo dein Platz ist, brauchen wir dir wohl nicht extra zu sagen. Und wenn ich an den CEO berichtete, dann, so würde der Angelsachse sagen, »it goes without saying«, dass ich zuvor erst mal den Auftrag bekommen habe, von dessen Ausführung mein Bericht handelt.

Für dergleichen aber interessiert sich der Sprachpurist nicht. Er sieht den Untergang seines nationalen Abendlandes heraufziehen. So der Franzose, der lange mit revolutionärer Verve dem Le Big Mac Widerstand geleistet hat und seiner eigenen Sprache per gesetzlichem Verbot die Anglizismen austreiben und das Überleben des Französischen sichern möchte. Wer aber die eigene Sprache gegen das Englische verteidigt, dem schickt der Amerikaner seine Kulturattachés ins Haus, die nachdrücklich für den freien Welthandel auf dem Markt der Sprachen werben sollen.

So kristallisieren also an der sprachlichen Verhunzung die restlichen Schwaden der alten Imperialismuskritik zu neuem Ressentiment. Der Feind spricht englisch. Wenn auch nicht in literarisch ansprechender Form. Aber das macht es nur noch schlimmer, denn es belegt das Desinteresse an Kultur, das jeden Anglophonen per definitionem auszeichnet: Übergewichtig, in schlecht sitzenden Hosen und strahlender Unkenntnis aller Länder, in denen der Dollar nicht das offizielle Zahlungsmittel und Kentucky Fried Chicken nicht der Hoflieferant ist, tapert er nichtsdestotrotz durch die nichtislamische Welt – wenn er beim Militär ist, auch durch diese. Was muss das für ein Volk sein, dessen Angehörige beim Anblick von Schloss Neuschwanstein in Jubel ausbrechen, weil sie den Märchenbau des verrückten Bayernkönigs schon zu Hause gesehen haben: Look, they built it like Disney … : Wer in dieser Sprache groß geworden ist, dem ist nicht zu helfen.

Das Englische und seine Kultur, die meist mit der US-amerikanischen gleichgesetzt werden, liefern uns feindbildtechnisch ein Lehrbuchbeispiel für die interessante Variation der Hassliebe. So sehr er sich nämlich über den Verfall der Sprache Goethes grämt, wenn er im Bildungsmodus läuft, so groß ist die Freude des Zeitgenossen, wenn er anderen von der Leistung seines neuen Laptop mit Dual-Core-Technologie vorschwärmen kann. Im Deutschen wird recycelt und gecancelt, upgedated und outgesourct, dass es der Sau graust. In vorauseilendem Sprachgehorsam erfindet man hierzulande sogar englisch klingende Worte, die es dort gar nicht gibt – kein Amerikaner weiß, was ein Handy ist und der Italiener hat diese Geißel der Menschheit mit Telefonino gleich eigensprachschöpferisch benannt.

Des Deutschen Verhältnis zum Englischen ist gespalten und das macht diesen Fall so bemerkenswert. Er parliert am Arbeitsplatz im Pidgin der Business Class, hat aber in der Runde der Teilnehmer vom Weinseminar sicherlich die eine oder andere abfällige Bemerkung über die Gleichmacherei der herrschenden Weltsprache und des in Kalifornien gekelterten Chardonnay, shar-doh-NAY, drauf.

Die kulturelle Landkarte lässt sich an der Haltung gegenüber dem Englischen nachzeichnen. Die ganz Jungen, die ohne Messer und Gabel groß geworden sind, kennen nichts anderes als die durchanglifizierte Welt von Gameboy bis Flatrate, SUV, GPS und DKNY. Die haben auch den unsäglichen englischen Genitiv übernommen und laden per E-Mail ein zu Janine's Geburtstagsparty mit Barbecue und Budweiser vom Fass.

Bei den Älteren verzweigt sich's. Da gibt es die Neu-Modernen, eigentlich Spät-Euphoriker, die bei 68 den Zug verpasst haben und dafür jetzt das Weltniveau universeller Verständigung anpeilen; sie besuchen Sprachkurse, denn Englischkenntnisse verbessern die eigenen beruflichen Chancen und damit auch die Position der Deutschen auf dem Weltmarkt. In der promovierten Variante sind das die strammen Atlantiker, die für jeden zehnten pro-amerikanischen Leitartikel ein Semester nach Harvard eingeladen werden. Dann gibt es die Spät-Hippies, die mit Jack Kerouac und Timothy Leary im Original aufwuchsen und jetzt nicht akzeptieren wollen, dass sie selbst älter und die Amerikaner nach dem Tod von Jimi Hendrix konservativer geworden sind. Die können zwar dem Summer of Love etwas abgewinnen, nicht aber dem Shareholder Value. Die stehen dem Neu-Englischen, wie es sich seit den Texten der Grateful Dead und Bob Dylans (nicht Dylan's!) entwickelt hat, reserviert bis ablehnend gegenüber. Last, not least die opportunistischen Snobs, die Trendscouts und kulturellen Trüffelschweine, die mitgekriegt haben, dass durch die universelle Verbreitung und eine mehr oder weniger passable Beherrschung dieser Sprache in breiten Kreisen der damit verbundene Distinktionsgewinn schwindet. Wenn Krethi&Plethi schon possierlich drauflos parlieren, dann zeigt man als Anglophiler nur, dass man sich mit ihnen gemein macht.

Also umschalten auf Anglophobie. Aber welche Fahne stattdessen hochhalten? Der Italiener geht davon aus, dass die Vereinigten Staaten von Amerika eine von sizilianischen Auswanderern kontrollierte Provinz Italiens sind. Auch der Franzose hat es leicht, 1789, Sturm auf die Bastille, Grande Nation. Der Deutsche aber denkt bei vergangenheitsorientierter Selbstvergewisserung bestenfalls an 1945 als die angebliche Stunde null, lieber aber an 1954 und 74, als man Fußballweltmeister wurde. Das Deutsche als kulturelle Orientierung tümelt schnell, daraus lässt sich kaum ein radikaler linguistischer Chic schneidern. Entsprechende Versuche sind immer schnell ins rechte Lager abgedriftet. Hierzulande gilt, wer für die Regermanisierung der Sprache votiert, als provinziell, und die Empirie vor der Haustüre belegt das aufs Gruseligste.

Was bleibt? Kopfschütteln und Schweigen?! Oder Systemstabilisierung durch Ausdifferenzierung: Türkischkurs in der Volkshochschule, Bildungsreisen mit Studiosus an die klassischen Orte der europäischen Antike und strenge Blicke beim Anblick amerikanischer Reisegruppen?

Vermutlich löst sich das Problem von selbst. Das Englische wird sich weiterhin verbreiten und auf ein allgemeines Pidgin herunterschleifen, das es jedem ermöglicht, die Reden von George Bush und seinen Nachfolgern im Original zu hören. Das Deutsche wird als ewig bedrohte Sprache fröhlich weiterleben und den Rest erledigt, solange Microsoft noch eine Version für die deutschsprachigen Länder vorhält, die Rechtschreibhilfe von MS-Word, die heute schon auf einfache Syntaxfehler hinweist. Die Abneigung gegen das Englische aber wird sich in den gebildeten Kreisen halten, während man gleichzeitig im Protest gegen das US-Pidgin den Oxbridge-Akzent perfektioniert und dennoch jeden Neologismus gierig in den eigenen Sprachschatz aufnimmt. Den anderen ist es ohnehin egal.

Lustig wird es erst, wenn das Englische in den USA vom Spanischen abgelöst wird, was wohl nicht mehr lange dauert. Dann kann man wieder guten Gewissens sich auch hierzulande dieser Sprache bedienen und das politisch korrekt als Beitrag zur Rettung bedrohter Kulturen deklarieren.

Das Handy

Was waren das für Zeiten, als man die normalen Verrückten in der Öffentlichkeit noch einfach erkennen konnte. Das waren die, die auf der Straße Selbstgespräche führten und dabei die Welt um sich herum nicht wahrzunehmen schienen. Heute würde kein Schizophrener, der sich mit seinen inneren Stimmen unterhält, im allgemeinen autistischen Gemurmel in den öffentlichen Verkehrsmitteln mehr auffallen. Anfangs sah man noch anhand der mehr oder weniger klobigen Geräte, die ersten sogar noch mit Antennen, dass da einer ohne Telefonzelle telefonierte, ein zunächst eher seltener Anblick und für den Besitzer des Geräts mit einem entsprechenden Statusgewinn verbunden. Heute liegt die Durchseuchungsrate bei weit über hundert Prozent – jedes Land, das auf sich hält, hat mehr Handys als Einwohner und die Geräte werden immer kleiner und raffinierter. Die Ohren der Nation sind verstöpselt. Wer gerade ohne Verbindung mit einem anderen Handybesitzer ist, der lässt sich über die Kopfhörer mit Musik vom eingebauten MP-3-Player berieseln.

Die Kulturkritiker raufen sich die Haare, »Früher ging es doch auch ohne!«, und die Umweltempfindlichen warnen vor den Strahlungen, die uns diese neue kommunikationstötende Technologie beschert. Die Industrie rührt die Werbetrommel, zielt auf die kaufkräftige Klientel zwischen fünf und 45 Jahren und bietet jede Woche einen weiteren Tarif für eine neu entdeckte Konsumentengruppe an. Die wird dann mit immer dümmeren und grelleren Kinospots beworben: Kostenlos zwischen Neujahr und Ostern nach Teneriffa telefonieren, wenn die Freundin den Winterurlaub dort verbringt, dafür zwischen acht Uhr morgens und halb vier nachmittags die Minute nur für fünfzig Cent im Businesstarif mit Extrabonus und eine Million SMS gratis. Es ist vermutlich nur mehr eine Frage der Zeit, bis spezielle Handys für Linkshänder und Vegetarier mit entsprechenden Sondertarifen angeboten werden. Die Visionäre der Telekommunikationsgesellschaft zeichnen Horrorszenarien in ihren Prophezeiungen: alles werde zusammenwachsen, mit dem Fernseher kann man in Zukunft telefonieren, die Festplatte wird hinter dem Blinddarm implantiert und per Infrarotverbindung mit dem Drucker verbunden, der auch als Klorolle dienen kann – Mailen beim Kacken zum Mondscheintarif, vom Headset mit Bluetooth in die Schüssel und dann per SMS die Spülung bedienen.

Die Politik wird nachziehen und das Recht auf allumfassende telekommunikative Erreichbarkeit in die Verfassung aufnehmen. Jeder hat das Recht auf ein eigenes Mobiltelefon und wie es im Rechtsstaat keinen rechtsfreien Raum geben darf, wird das Funkloch als Verstoß gegen das Grundgesetz der Mobilkommunikationsgesellschaft geahndet werden: Wer Funklöcher herstellt oder verbreitet, wird mit Entzug der bürgerlichen Laberrechte bis zu zwei Monaten bestraft. Vermutlich ist in ein paar Generationen die Evolution schon so weit vorangeschritten, dass bei längerem Entzug des Handys mit ernstlichen und dauerhaften Schäden zu rechnen ist und dann tritt Amnesty International auf den Plan.

Goldene Nasen verdienen sich wie immer die üblichen Verdächtigen. Die Betreiber der Hardware kassieren bei den Providern, die wieder bei den Kunden, und die Hersteller der Geräte lassen sich von jedem für ihre neuesten Produkte zahlen. Microsoft und die anderen Großen aus der Softwarebranche schneiden sowieso immer mit. Wer da wen wie abzockt, ist für Außenstehende weitgehend undurchsichtig, und die schwindelerregenden Wertsteigerungen von Unternehmen der Telekommunikationsbranche, die über nichts anderes als einen Kundenstamm verfügen, mag verstehen wer mag. Die Tarifbesonderheiten, dass beide Gesprächsteilnehmer zahlen, dass jedes Gespräch wie ein Ferngespräch behandelt wird, Telefonate über Staatsgrenzen hinweg aber zusätzlich eine saftige »Roaming-Gebühr« kosten, dass der Preis davon abhängt, bei welcher Firma der andere seinen Vertrag hat, dazu die vielen Gesprächsminuten, in denen nur festgestellt wird, wo sich die beiden Sprecher gerade aufhalten und ob der jeweils andere einen auch noch oder jetzt wieder hört, mögen ein wenig erklären, wo das Geld letztlich herkommt. Die Stimmfühlungslaute, die zwischen Müttern und Kindern, besonders aber zwischen Teenagern alle zehn Minuten im Schnitt ausgetauscht werden müssen und deren Kosten bisher in den elterlichen Telefonrechnungen aufgingen, stellen nun in der Taschengeld-Ökonomie vieler junger Leute den größten Einzelposten dar. Es soll ja auch junge Leute geben, die keinen wohlhabenden Vater und trotzdem ein Handy haben: Sie werden von Verträgen, aus denen man frühestens in einem Jahr wieder herauskann, sofern man die Frist nicht übersehen hat, nach der sich die Laufzeit automatisch um ein weiteres Jahr verlängert, in die Schulden getrieben. Die Branche hat schon die Keilermethoden der Versicherungsverkäufer übernommen. Wo immer ein Ladengeschäft von zehn qm frei wird, eröffnet ein Super-Discount-Mobile-Talk-Talk-Center. Vor einem Terminal hinterm Tresen steht ein Jugendlicher, der die Daten der neu geworbenen Kunden ins System eingeben kann. Vermutlich kriegt der drei Freiminuten für jeden neu gewonnen Vertragspartner als Provision.

Alles in allem eine Frischzellen-Kur für den Kapitalismus in der Phase seiner Digitalisierung und Virtualisierung der Wertschöpfungskette. Am Handy sind 60 Prozent Software, 30 Prozent Design und vielleicht noch zehn Prozent materielle Produktion, die stammen aus den Sweatshops des Fernen Ostens. Was aber heißt es für die Kommunikationsverhältnisse, wenn die Barrieren von Raum, Zeit und Kosten immer niedriger werden?! Wenn ein jeder hemmungslos jeden anderen belabern kann, ohne anzuklopfen, ohne Rücksicht, Anstand, Sinn und Zweck? Theoretisch haben diese Geräte einen Knopf zum Abschalten. Aber wer nutzt ihn? Es könnte ja sein, dass es ausnahmsweise wirklich einmal etwas Wichtiges mitzuteilen gibt. Es könnte ja sein, dass ein Kunde, die Liebste oder ein Freund in Not uns dringend sprechen wollen. Die Wahrscheinlichkeit ist gering, aber es könnte sein. Selbst in der Oper muss vor Beginn der Vorstellung daran erinnert werden, den Aus-Knopf zu drücken. Zudem: Wie überbrückt man Wartezeiten an Bushaltestellen, Flughäfen und Verkehrstaus, aber auch die Zeit, in der man nichts tut, als sich zu Fuß oder per Fahrzeug von A nach B zu bewegen, besser als durch hemmungsloses Reden mit anderen – spart den inneren Dialog oder die ratlose Leere im eigenen Kopf. Dazu muss man gerade dann dringend mitteilen, wo der Zug gerade vorbeifährt und dass man demnächst (nicht) ankommt und daher (nicht) am Bahnhof, zu Hause, im Büro, im Restaurant sein wird. Dann gibt es immer auch noch diejenigen, denen ihre Wichtigkeit ans Ohr gewachsen ist und die in unüberhörbarer Lautstärke ihrer Sekretärin am Telefon die Anweisung geben, die Sitzung der Rationalisierungs-Arbeitsgruppe von New York nach Castrop-Rauxel zu verlegen. Die reden dann immer auch für die Umstehenden. Sie haben nicht verstanden, dass nur Untergebene immer erreichbar sein müssen.

Und daher sind nicht nur die Angerufenen zu bedauern. Als ungebetener Mithörer der Gespräche anderer in der Öffentlichkeit wird man belästigt, von der Kakophonie der Klingeltöne ganz zu schweigen. Ob Kleine Nachtmusik, Feuerwehrsirene oder Balkanrock – die Besitzer lassen sich von den unmöglichsten Geräuschen über eingehende Anrufe informieren. Auch wenn ich nicht wissen will, dass ein Teenager am gestrigen Abend drei Red-Bull Wodka getrunken hat und dann doch ohne das begehrte angebaggerte Subjekt der Begierde nach Hause gegangen ist, ich muss es mir drei U-Bahn-Stationen lang anhören. Ruhe herrscht – noch – in der Luft. Im Flieger geht das Handy nicht. Aber kaum ist er gelandet, belästigen alle Diplomkauffrauen und Betriebswirte mit wichtigtuerischen Waren-Kalkulationen und Terminvereinbarungen die Mitreisenden, und als Draufgabe gibt's während der Busfahrt zum Terminal noch die Streitereien mit dem oder der zu lang vernachlässigten Geliebten zum zwangsweisen Mithören. Und da beginnt der Mechanismus der Selbstverstärkung. Will man der akustisch-kommunikativen Umweltverschmutzung entgehen, dann hilft nur eins: Stöpsel ins Ohr. So greift man zum Teufel, um Beelzebub damit auszutreiben, steckt sich den Musikspieler in die Tasche und den Knopf ins Ohr, nur um wenigstens die souveräne Entscheidung darüber zurückzugewinnen, wie die eigene Ruhe gestört werden soll.

Das Callcenter

Die neue flexible Wirtschaftsweise hat im Callcenter die un-
wahrscheinliche Kombination von Freundlichkeit und In-
kompetenz in einer Art perfektioniert, die man neidlos als
Taylorisierung des Nichts anerkennen muss.

Sie haben eine Frage eine Ihrer vielen unnötigen Versiche-
rungen betreffend, eine verbriefte Garantie auf ein elektri-
sches Gerät, oder sonst irgendein Anliegen, das Sie einem
Unternehmen mit der Bitte um Erledigung in Ihrem Sinne –
oder vielleicht sogar nur um Auskunft – unterbreiten wollen?
Auf einem Schriftstück, z.B. Ihrer Telefonrechung von einem
bekannten deutschen Telekommunikationsunternehmen,
die so unverständlich wie überhöht ist, finden Sie eine Telefonnummer, die für allfällige Fragen, Beschwerden und
Anregungen gewählt werden soll. Das tun Sie ordnungsgemäß und schon landen Sie im Nirwana der telekommunika-
tiven Abwimmelung von berechtigten Klagen.

Am anderen Ende meldet sich zuerst eine Automatenstim-
me, die Sie herzlich willkommen heißt bei der Servicenummer der entsprechenden Firma, um Ihnen dann mitzuteilen,
dass derzeit leider alle Plätze besetzt seien, man sich aber
baldigst Ihres Anliegens annehmen werde und Sie bitte nicht
auflegen sollen, da jeder Anruf neu gereiht wird. Vor Ihrem
Auge entsteht das Bild einer langen Schlange von Menschen
vor einer kleine Türe in Kafkas Schloss, jeder in der Hand
einen Telefonhörer, die sich Stück für Stück vorbewegen. Sie
sind der Letzte in der Schlange und zur Verkürzung der Wartezeit spielt man Ihnen die Kleine Nachtmusik in der Version
eines Handyklingeltons vor. Alle dreißig Sekunden meldet

sich der sprechende Automat wieder, Herzlich willkommen … Während Sie also hoffen, dass die Stimme sich bald wieder meldet, damit die schreckliche Klangkulisse der Musik unterbrochen wird, fällt Ihr Blick auf das vor Ihnen liegende Formular, von dem Sie die Telefonnummer abgelesen haben. Ein hochgestellter kleiner Stern am Ende der Nummer war Ihnen bisher nicht aufgefallen. Sieht aus wie eine Fußnote. Und tatsächlich, auf der Rückseite des Formulars steht kleingedruckt ganz unten neben einem entsprechenden Sternchen, dass der Anruf bei der Servicenummer, Hotline, dem Kundencenter oder wie auch immer diese Sackgasse ins Nichts des Cyberspace euphemistisch bezeichnet wird, pro Minute 1,23 Euro kostet. Sie kalkulieren kurz und stellen fest, dass Sie inzwischen vermutlich einen Betrag vertelefoniert haben, für den Sie auf dem Schwarzmarkt eine Pumpgun bekommen hätten, um als Amokläufer das Hauptquartier der Firma zu stürmen, deren Mitarbeiter Sie seit geraumer Zeit über das Telefon zu erreichen versuchen. In diese düsteren Gedanken platzt plötzlich die freundliche Stimme eines richtigen Menschen am anderen Ende der Leitung: Mein Name ist Gerda Müller, was kann ich für Sie tun?! Nach kurzem Zögern antworten Sie, gefasst und so freundlich es geht und tragen Ihr Anliegen vor. Gerda möchte von Ihnen zuerst ein paar Informationen, je nachdem: das Kaufdatum des Geräts und die letzten neun Ziffern der Seriennummer, die Nummer des Versicherungsscheins, Ihr Geburtsdatum oder die auf Seite vier der Telefonrechung in der achten Zeile von unten kursiv gedruckte zwölfstellige Buchstabenkombination. Irgendetwas dergleichen oder auch all das benötigt sie, um Sie als anspruchsberechtigten Kunden und Ihr möglicherweise berechtigtes Anliegen zu identifizieren. Inzwischen haben Sie auch schon das Geld für die Munition der Pumpgun vertelefoniert, aber Gerda ist es gelungen, Sie in ihrer Datenbank zu finden. Sie liest Ihnen in perfekt freundlichem Tonfall noch einmal vor, was sie vor sich auf dem Bildschirm sieht: zum Beispiel Ihren Namen, die Art Ihrer Versicherung, die monatlichen Raten und den Umfang des Servicepakets, das Sie sich damit erkaufen. – Das wissen Sie alles schon und es interessiert Sie auch nicht, Sie haben eine ganz spezifische Frage, die Sie gerne bei Gerda, mit der Sie sich bei allem Ärger inzwischen fast schon angefreundet haben, loswerden wollen.

Was immer Ihre Frage sein mag, Gerda wird sie nicht beantworten können, zumindest nicht befriedigend oder verbindlich. Sie wird Sie auch nicht weiterverbinden können zu einem Experten, oder ihrem Vorgesetzten, denn Gerda arbeitet in einem Callcenter, einem Ort, der bei großen Unternehmen kostengünstig jene Abteilungen ersetzt, die früher als Kundendienst bezeichnet wurden. Irgendwo zwischen Kiew und Kapstadt sitzen in einem von Neonröhren erleuchteten klimatisierten Raum Dutzende von Gerdas mit ihren Headsets vor Bildschirmen und nehmen die Anrufe entgegen, die arglose Kunden tätigen in der Annahme, damit einen kompetenten und zuständigen Mitarbeiter des Unternehmens zu erreichen, dessen Telefonnummer sie vermeintlich gewählt haben. Sie kommen aber nur bis zu angelernten Gerdas, die auf ihrem Bildschirm eine Maske haben, auf der sie durch Ausfüllen und Anklicken einige wenige Aktionen auslösen können – und in aller Regel nur jene nicht, wegen derer die Kunden anrufen. In fortgeschrittenen Ländern wie den Vereinigten Staaten von Amerika hat man inzwischen die Gerdas durch Strafgefangene ersetzt, die aus dem Knast heraus Anfragen der Kundschaft aus aller Welt beantworten dürfen – auch eine Form, die resozialisierungsfördernden Kontakte zur Außenwelt aufrechtzuerhalten.

Wer immer sich am Service-Ende der Leitung meldet, es geht hier nicht um Dienst am Kunden. Der Zweck von Callcentern ist eher der eines Blitzableiters. Sie fangen den frei herumschwirrenden Ärger unzufriedener oder ratloser Kunden ein, um sie im freundlichen Singsang unverbindlicher Sprüche zu neutralisieren. Es gibt noch keine Sammlung deftiger Sprüche, die über die Callcentermitarbeiter dieser Welt tagtäglich hereinbrechen, aber möglicherweise ist der harmloseste noch »Sie können mich mal!« als Antwort auf die Frage »Was kann ich für Sie tun?«

Das Problem dabei ist, dass es einem nie gelingt, jemanden zu finden, der für irgendetwas verantwortlich ist, oder verbindliche Auskunft geben kann. Oft hat man schon Schwierigkeiten, das Unternehmen zu identifizieren, mit dem man es überhaupt in einem rechtlich verbindlichen Sinne zu tun hat. Da stößt man dann auf irgendwelche Holdings, deren Tochterfirmen Niederlassungen betreiben, die ihrerseits wiederum andere Firmen mit einem gänzlich unbekannten Namen besitzen, in deren Namen man möglicherweise einen Vertrag abgeschlossen hat. Es ist also auch der gute alte Postweg: Widerruf per Einschreiben mit Rückschein verbaut oder mit Hindernissen gepflastert, die das Einschalten eines Fachanwalts für internationales Firmenrecht geraten erscheinen lassen. Konsumentenschützer mögen sich die Haare raufen und die Kämpfer für Markttransparenz und Kundenrechte in Brüssel jeden Tag eine neue Richtlinie erlassen – es wird sich nichts ändern. Denn die angebotene Möglichkeit, schnell und unbürokratisch die Service-Hotline des entsprechenden Unternehmens anzurufen, wird alle Kritik an mangelnder Kundenorientierung zum Verstummen bringen.

Und Gerda wird uns allen in säuselndem Ton mitteilen, dass unser Anliegen zur Kenntnis genommen und einer weiteren Bearbeitung zugeführt wird. Auch wenn die nur darin besteht, jeden Abend die auf der Festplatte aufgelaufenen Beschwerden zu löschen, damit Platz für die Kundenwünsche des nächsten Tages geschaffen wird.

Essen als Event

Heute backen wir für Tante Lise eine Geburtstagstorte und dann wird noch der Kanon eingeübt, den wir ihr nächsten Freitag zum Geburtstag vorsingen. Pustekuchen. Die Zeiten sind vorbei. Tante Lise hat die Feierlichkeiten zu ihrem Geburtstag in die Hände eines professionellen Dienstleistungsunternehmens gelegt. Die Happy-Hippo-Fun&Catering-Group bietet im Gesamtpaket der guten Lise einen Satisfaction Guaranteed Surprise Event an, Stilrichtung Exotic Nights. Und Lise schlägt zu, schließlich will sie noch nicht zum alten Eisen gehören. In New York, der Stadt, in der jeder alles macht und keiner nichts mehr selber kann, setzt das einschlägige Gewerbe im Jahr mehr als eine Milliarde Dollar um. Da will sich Lise nicht lumpen lassen, auch wenn sie nur in Neukölln wohnt. Zudem stand beim Sechzigsten ihrer Nachbarin vor drei Wochen auch der schicke Lieferwagen von Teuer&Exotisch Services vorm Haus. Die hat es auf ihre alten Tage zum Schrecken der Erben noch mal richtig krachen lassen. Da kann Lise nicht hintanstehen. Das Programm sieht vor: Amuse-gueule, Satee-Spießchen an Peanut-Sauce, Aperitif Jahrgangsekt von den Winzern der mittleren Unstrut, vier verschiedene Finger-Food-Kreationen aus der Cajun Cuisine, dazu chilenische Weiß- und australische Rotweine sowie mexikanisches Bier und Softdrinks für die Kids. Zum Abschluss Mousse au Chocolat, Tiramisu und Fresh Fruitsalad. So zu lesen auf einer gestalterisch wertvollen Speisekarte – personalisiert durch die Überschrift »Für Lise«. Im Angebot des Event-Caterers zum Sonderpreis enthalten ist ein Alleinunterhalter, elektrische Klaviermusik mit Gesang der Art Für Jeden Etwas von sieben bis elf Uhr, inklusive dem kollektiven Happy Birthday nach dem Aperitif, intoniert mit dem Drive eines

Organisten in der Sonntagsmesse, damit auch jeder mit-
kommt.

Lises Budenzauber – eines der Zerfallsprodukte der Esskul-
tur als Ritual gemeinsamer Aufnahme selbst zubereiteter
Nahrung zu besonderen Anlässen. Am anderen Ende stehen
die Kochshows. Zur besten Sendezeit rühren weißbemützte
Starköche in einem überhitzten Studio in ihren Töpfen, um-
tänzelt von einem staunend-bewundernd fragenden Mode-
rator, dem sie die trivialen Geheimnisse ihrer Kochkunst
vor laufender Kamera verraten. Den Wirsing gerne lange,
den Knoblauch rechtzeitig herausnehmen und sparsam mit
dem Koriander. Die Kamera fährt von oben auf glitzernde
Pfannen voller brutzelnder Schweinebacken, während der
Starkoch aus dem Off erzählt, dass er das Rezept von seiner
Mutter habe. Vor dem Fernsehschirm zu Hause weniger interessiert die Frauen als die Männer mittleren Alters. Kochen
wird zum Hobby des neuen Manns, schon gibt es spezielle
Kochkurse, Bocuse for Beginners, speziell für den kultivierten Herrn. Die organisieren sich dann gleich in Clubs und
machen ein Konkurrenzunternehmen daraus: Mein Soufflé
steht besser als deins. Samstags wienert Vati nicht mehr das
Auto, sondern prüft die Konsistenz der Avocados auf dem
Markt.

Die Autoren der schicken Kochbücher machen sich einen
Jux und führen möglichst exotische Zutaten auf, die entweder nur von einem exotischen Lieferanten zu beziehen oder
gar nicht zu erhalten sind – für den Geschmack des Hobby-
menüs macht es keinen Unterschied, ob der Himbeeressig
aus der Steiermark von Spätlesewildbeeren kommt oder
nicht –, aber es sollte ja authentisch sein. Selbst im Nachmit-
tagsprogramm darf die B-Prominenz ihre Lieblingsrezepte in

der Küche vom Markenhersteller dem Publikum präsentieren. Auch wenn es nur für Bratkartoffeln mit Spiegelei reicht, den Umsatz der gehobenen Küchenzubehörindustrie kurbelt dergleichen sicherlich an und die Produktionskosten für solche Sendungen dürften den Preis für einen Sack Kartoffeln nicht wesentlich übersteigen. Als Kulturkritiker verkleidet mit papstartigen Allüren geschmacklicher Unfehlbarkeit über allem der Geist des alten Siebeck, der den Deutschen kulinarisch die Leviten liest und auf ein dankbares masochistisches Publikum trifft, das hörig den Kochlöffel nach dem vorgegebenen Takt der neuen französischen Küche schwingt.

Gleichzeitig quellen die Supermärkte über von Fertiggerichten. Kaum dass einer alltags noch die Zwiebel schneidet oder eine Knoblauchzehe häutet, gibt es schließlich alles als fertiges Aromapulver – Gourmetgeschmacksverstärker für die anspruchsvolle Küche in allen Varianten, indisch, chinesisch oder Schweinebraten.

Weit voraus und dem Abgrund ein paar Schritte näher wie so oft, der Amerikaner. Dessen tägliche Nahrung ist weitgehend nährstofffrei (s. → Der Hamburger) und die notwendigen Vitamine, Mineralien und andere Lebensnotwendigkeiten führt er sich in der Form von Pillen und Pulvern zu. Stehen im Supermarkt im Regal direkt neben der Packung mit der mikrowellenbereiten Schlemmerschnitte à la Bordelaise. Auch hierzulande blüht das Nebenerwerbsgeschäft mit Nahrungsergänzungsmitteln. Wo früher die Tupperparty oder die Avonberaterin für soziale Aufdringlichkeit sorgten, kommt heute die Nahrungsergänzungsmittelvertreterin vorbei und preist ihre überteuerten Wunderpillen gegen Mangelerscheinungen an.

Das Essen außer Haus gehorcht auch nicht mehr der gutbürgerlichen Ordnung einer sonntäglichen Besonderheit an hohen Feiertagen. Angefangen hat der Italiener mit seiner Gastro-Folklore, Korbflaschen-Erinnerungen an den Sommerurlaub in der Pizzeria um die Ecke. Einen draufgesetzt haben dann die Minimalisten der Nouvelle Cuisine, und heute tänzelt in jeder Eckkneipe der Tablettträger mit bodenlanger Schürze zwischen den Tischen hindurch und hält sich für ein Mitglied der neuen Dienstleistungseventelite. Essen als Erlebnis, ob beim Japaner, wo dem Gast zuerst nach fünf Minuten die Füße einschlafen, weil er wie eine Asiate zu Tische knien möchte und er am Ende seinen Anzug in die Reinigung bringen muss, weil er unbedingt seine Glasnudeln mit Stäbchen löffeln muss. Oder in der rustikalen Variante mit folkloristisch verkleideten Kellnerinnen, in den südlichen Bundesländern gern im Dirndl mit Push-up und tiefem Ausschnitt. Oktoberfest ist überall, auch wenn die Bedienung aus Polen kommt und der Gast bei der Bestellung auf die Nummer in der Speisekarte zeigen muss, um sich verständlich zu machen.

Fehlt noch auf dem Markt der Bücher, die Sie sich schenken können, der Titel: »Zen oder die Kunst ein Spiegelei zu bereiten«. Denn das ist wirklich nicht einfach und gehört mit Sicherheit zu den aussterbenden Fertigkeiten.

Jogger, Walker und andere Hypermobile

Vermutlich kam es wieder mal aus den Vereinigten Staaten. Die Ursprünge verlieren sich im Dunkel des immer kürzer werdenden kulturellen Kurzzeitgedächtnisses des Zeitgenossen. War da nicht Jane Fonda, einstmals strahlend herbe Schönheit aus dem Hollywoodclan, die mit ihren Aerobic-Anleitungen eine zweite Karriere als Beraterin für die Frauen mittleren Alters sich erarbeitete. Als Agent Orangenhaut brachte sie Bewegung in die deutschen Wohnzimmer, Mutti schwitzte vorm Fernseher, wo Janes Video sie zu immer neuen Verrenkungen animierte. Irgendwann muss dieser Virus aus den heimischen Stuben ausgebrochen sein und das Laufen im Freien fing an. Verstärkt wurde der Trend durch deutsche TV-Evangelisten, die das Rennen nach Regeln anpriesen. Jung, schön, reich und gesund werde ein jeder, der durch die Gegend hechelt, natürlich nur nach dem richtigen Ritus, nachzulesen im passenden Laufbuch. Es handelt sich hier offensichtlich um eine Art Hyperaktivitätssyndrom im Erwachsenenalter, das die davon Betroffenen auf Rädern – wahlweise Renn- oder Querfeldeinversion – und laufend – wahlweise im Trab (joggend) oder mit Stöcken (walkend) – ausleben. Die ganz Harten schnallen sich einen rollenbewehrten Schi-Ersatz an die Füße und praktizieren Langlauf auf Asphalt. Auch das Rollschuhfahren, einst billiges Vergnügen der Nachkriegsgeneration auf den ersten frisch geteerten Straßen, feiert seine Wiederauferstehung, diesmal technisch und linguistisch aufgebrezelt als Rollerblading.

Ritalin für die Kleinen und Freizeitkampfanzug für die Eltern. Kulturell amalgamieren hier aufs Erbaulichste die Einsamkeit des Langstreckenläufers mit dem deutschen

Hang zum Vereinsmäßigen. Am Wochenende kleben lauter kleine Jan Ulrichs und Eddy Merckx' in engen kanarienbunten Plastikfummeln als Pulk auf der Landstraße, Tour de France auf der Bundesstraße. Ganz Profi fahren sie in der Formation der römischen Kampflegion, windschnittig und raumgreifend. Den Ärger hat der Autofahrer (➔ s. dort), der in seinem Mobilitätsdrang vom Team Geronto-Gerolsteiner gebremst wird. Die Synthese aus beiden bildet der freizeitlich bepackte PKW mit Radständer auf dem Dach: mit Bleifuß in die Natur und dann pedaliter durch die Heide zur Pilstränke.

Ähnliches in öffentlichen Parks. Man hört sie als unzeitgemäß Schlendernder von weitem: Pfeifender Atem oder Stöcke, die über den Boden schleifen, künden die Schwadron der Gesundheitsmobilen an. Auch hier: man sieht, wo das Geld am verschwitzten Körper geblieben ist. Spezialtuch für den Läufer, Designerschuhe mit Dämpfung, dem individuellen Schweiß- und Plattfuss angepasst. Besonders das Nordic Walking, das in seiner Aufdringlichkeit dem alteuropäischen Spaziergänger eher als Nordic Stalking erscheint, ist ein Paradebeispiel für die Schaffung dringend überflüssiger Konsumbedürfnisse. Statt sich die für den Winter aufbewahrten Stöcke der Langlaufausrüstung aus dem Keller zu holen, geht der ernsthafte Walker in das Fachgeschäft und lässt sich dort von den schnell speziell geschulten Fachkräften beraten. Gefedert, elastisch, verstellbar in Länge, Höhe und Breite – eher beige dezent oder sportlich im Alu-Look, so sinniert er über den passenden Stock wie ein Tennisprofi über sein Racket oder ein Billardmeister über sein Queue. Dabei werden die Dinger in der Praxis ohnehin meist nur von einher rollenden Übergewichtigen hinterher geschleift, zur Freude der Nordic-Walking-Ausrüstungsindustrie und zum Ärger aller anderen Naturnutzer, die eher das Zwitschern der Vögel als das Schaben von Schistöcken auf Kiesel erwarten, wenn sie den Park betreten. Kluge Verwaltungen haben den übelsten Auswüchsen bereits Einhalt geboten und das Gruppen-Walken verboten. Wo mehr als drei im Namen dieses Wahns zusammen sind, greift der neu eingefügte Paragraf 129a der Parkbenutzungsordnung und erklärt sie zur verbotenen sport-kriminellen Vereinigung.

Es ist diese Fraktion aus feindbildtechnischer Sicht ein Kleinod. Denn es handelt sich bei den beschriebenen Bewegungsarten nicht um Formen des Mannschaftssports, sondern um genuin individualisierte, die Ausdauer des drahtigen Einzelkämpfers im Speckmantel fordernde Verrichtungen. Auch wenn der Start zu den um sich greifenden City-Marathons eher an den Beginn des Winterschlussverkaufs vor den sich pünktlich morgens um Acht zur Schnäppchenjagd öffnenden Türen von Hertie erinnert, es ist – wer will, kann's nachlesen – auch der Marathonlauf eine Einzelleistung. Die Einzelnen aber zum Pulk versammelt sind unerträglich, zu Fuß, zu Rollerblade, ob mit Rad, Stock, Helm oder Pulsmesser … Lemminge des Fitnesswahns auf dem Weg in den Abgrund chronischer Bandscheibenschäden und schmerzhafter Muskelzerrungen. Was als singuläre Escheinung Anlass noch zum Nachdenken liefern könnte (Vielleicht sollte man wieder mal Sport treiben…), wird als Gruppen-Ereignis oder Massenveranstaltung zum unerträglich ameisenhaften Gewimmel. Wer in unseren Städten schon mal versucht hat, während einer der sogenannten Blade-nights die Straße zu überqueren, der erfährt den Zusammenhang von Masse und Macht auf eine völlig neuartige Weise. Hunderte von rollschuhfahrenden Verrückten, Kinder, Jugendliche und jung gebliebene Greise, Familien und Väter mit der Brut im Köcher auf dem Rücken schwärmen über eine vorher festgelegte Strecke als ein bis zwei Kilometer langer Tatzelwurm an den staunenden Fußgängern vorbei. Vorne und hinten ordnungsgemäß eskortiert von den Vertretern der Ordnungsmacht. Freie kontrollierte Fahrt für wahnsinnig gewordene Bürger.

Und zugleich versinnbildlicht sich darin der Geist der Zeit. Ein jeder schwitzt isotonisch isoliert vor sich hin, kämpft mit Pfunden, Krämpfen, Atemnot, aber alles im Gleichschritt monadischer Kollektivität, drängelnde Vereinzelung – wenn das kein Sinnbild ist.

Bestens verkörpert im wahrsten Sinne des Wortes ist dieses Phänomen in der unterschiedlich umfänglichen Person des ehemaligen Außenministers Joschka Fischer, der sich vom beleibten Bohemien und Bonvivant zur asketischen Dörrpflaume entwickelte und diesen Prozess aufdringlich kommentierte. Abspecken als Selbstfindung, Laufen als Prozess der Selbsterfahrung. In Laufschuh Veritas. Fischer fiel zuerst vom Fleische, hielt sich eine Zeit lang spindeldürr, um dann wieder aufzufetten und an Leibesumfang zuzunehmen. Was man auch als Folge eines Manager-Magengeschwürs hätte deuten können, wurde vor Publikum als Entwicklungsgeschichte, ach was, als Erleuchtung und Erweckung zelebriert. In gewisser Weise stand Joschka Fischers Laufkarriere auch als Lehrstück für den Zusammenhang von Anstrengung und Erfolg. Der kleine Joschka Straßenkämpfer hatte sich hochgerackert und dann auf der Höhe seiner Prominenz einen jeden, der es nicht hören wollte, wissen lassen, dass der Einsatz bis an die Grenze der eigenen Leistungsfähigkeit bei gleichzeitigem Genussverzicht nicht nur ins strahlende Licht der Weltpresse führt, sondern auch noch angenehme körperliche Sensationen hervorzurufen vermag.

Und so liefen dann alle los und warteten auf die Ausschüttung der körpereigenen Wohlfühlstoffe. Leider reichte es meist bloß bis zum Muskelriss, samt schmerzhaften Folgen am nächsten Morgen. Dem kollektiven Wahn tat das keinen Abbruch. Solange es chic ist, wird gelaufen, oder so getan als liefe man und wir anderen, die wir in bequemem Schuhwerk schlendernden Schrittes den Park durchmessen, schwanken zwischen mitleidigem Kopfschütteln und verärgert kapitulierendem Beiseitetreten im Angesicht der herannahenden Horden von Hypermobilen.

Dort oben – oder: Modern Times

Der Prada-Proll

Gemäß dem alten Spruch der Alchemisten: Wie da oben, so da unten, mit dem sie die All-Ähnlichkeit der Phänomene des Mikro- und des Makrokosmos behaupteten, lässt sich auch der soziale Kosmos betrachten. Wo sich eine neue Unterschicht (→ s. dort) herausbildet, da wächst weiter oben ein Typus heran, der wohl am besten mit Prada-Proll bezeichnet ist. Hier handelt es sich historisch um die Erben derjenigen, die man früher als Die Neureichen bezeichnete. Was sie unterscheidet, ist ihre Jugendlichkeit und die relative Unabhängigkeit ihrer Konsum- und Lebenshaltung von irgendwelchen Vorbildern hinsichtlich der Umgangsformen eines bewunderten Bürgertums oder Adels. In freier Wildbahn außerhalb ihrer Büros zu beobachten sind diese Figuren am besten in Straßencafés, Designerläden und anderen Etablissements für schön scheinende Menschen in Städten wie München, Düsseldorf, Frankfurt oder Hamburg – überall dort, wo ökonomisches Kapital das kulturelle erstickt hat. Während die Männchen eher mausgrau die Insignien des Wichtigtuers malträtieren, mit der einen telefonieren und mit der anderen Hand im Trackpad des Laptops rühren, sind die Weibchen grell, laut und glitzernd, selten schön anzusehen, aber dafür aufgrund des ästhetischen Krachs, den sie verbreiten, nicht zu ignorieren.

Erich Kästner prägte den wunderbaren Ausdruck der kuchenfressenden Pelztiere zur Beschreibung der nerzbehängten bürgerlichen Damen in den Cafés der Metropolen. Franziska Gräfin zu Reventlow nannte das männliche Pendant die elegante Begleitdogge. Im Rückblick waren diese Paare noch eine wahre Bereicherung des bunten urbanen Lebens. Sie fuhren nicht mit überdimensionierten Großwildjägerautos auf die städtischen Märkte, um ein Sträußchen Basilikum zu erstehen, sondern ließen sich bestenfalls nach dem Besuch des Cafés in die Oper chauffieren. Solche Orte betritt der Prada-Proll nur dann, wenn Anna Netrebko dort für die Großkunden ihres Sponsors die schönsten Arien aus dem Wunschkonzert für musikalische Analphabeten singt und das Männchen Karten von seinem Chef bekommen hat. Denn in aller Regel arbeitet der männliche Partner irgendwo mit vielen Überstunden im IT-Consulting-Business-Re-engineering-Financial-Services-Bereich, schleppt als kaum Dreißigjähriger ein fettes Gehalt heim, das von der schon leicht grünlich schimmernden Strohwitwe in Gourmethundefutter für den Trend-Setter umgesetzt wird. Sie verfügt meistens über einen gewerblichen Abschluss in einem Beruf, den sie nicht ausübt. Vielleicht hat sie mal als Telefonverkäuferin für eine Keilertruppe gearbeitet, die dubiose Geldanlagen an den Mann zu bringen versucht, und dabei ihren Porscheprinzen auf einer Incentive-Veranstaltung kennengelernt. Vielleicht war sie aber auch Apothekenhelferin, die sich den Jungdynamiker geangelt hat, der bei ihr für die Nachtschicht immer die Aufputschtabletten holte, weil ihm die Augen vor seinen Excel-Dateien und Powerpoint-Präsentationen zuzufallen drohten. Zu Hause in der Vierzimmerdachterrassenwohnung stapeln sich die Dinge, die von der neuen Unterschicht (→ s. dort) auf Pump gekauft werden: drei Flachbildschirme (groß–mittel–klein für Wohnzimmer–

Schlafzimmer–Küche), Heimkino, Stereoanlagen und eine mit allen Raffinessen ausgestattete Designer-Küche, in der letztlich aber doch nur der Mülleimer benutzt wird, um die leeren Schachteln vom Sushi-Home-Delivery-Service zu entsorgen.

Finden sie sich zum Sozialleben mit anderen Paaren zusammen, dann sitzen die Männchen entweder mit der Spielekonsole vorm Flachbildschirm oder schwadronieren ganz wichtig über ihre neuesten Anlagestrategien mit Junkbonds aus Djakarta. Die Weibchen tauschen Tipps über Hundefriseure aus oder blättern einträchtig in der »Gala« oder dem »Diners Club Magazin« auf der Suche nach neu zu erwerbenden Notwendigkeiten für das luxuriöse Leben, das sie meinen führen zu müssen.

Wo kommt diese Art her, wie entsteht sie? Es handelt sich hier gleichsam um die Fettaugen, die auf der trüben Suppe der Erfolgsgesellschaft schwimmen. Ausgebildet in den stromlinienförmig gestalteten Studiengängen der neu reformierten Bildungseinrichtungen, verfügen sie über einen Abschluss in Informatik, Betriebswirtschaft oder Jura und sind jetzt unter Vertrag bei den Firmen, die ihr Geld damit verdienen, dass sie den Profit anderer Unternehmen mit der Brechstange erhöhen. Den Blick auf das verengt, was man ihnen als Trainee und Junior Consultant angelernt hat, stapfen sie durch die Welt der Klein-, Mittel- und Großunternehmen, um ihre Sprüche und Zahlenspiele in jenen Branchen zu präsentieren, auf die sie spezialisiert sind (→ Der Experte). Eine ebenso traurige wie lukrative Existenz.

Was sie nebst ihren Partnerinnen feindbildtauglich macht, ist die ebenso sinn- wie hemmungslose Selbstgerechtigkeit, mit der sie sich für den Nabel der glitzernden Welt halten, die natürlich für sie die beste aller denkbaren ist. Man möchte mit Voltaires Candide fragen: Wie müssen dann die anderen aussehen?!

Im Habitus irgendwo angesiedelt zwischen Unteroffizier und Schülerzeitungsredakteur, sind die Männchen ebenso autoritätsfixiert wie präpotent und eines normalen Gesprächs jenseits der Frage, wie man die neueste Software für den Blackberry dazu bringt, mit der Infrarotverbindung des neuen Porsche Cayenne zu kommunizieren, nicht fähig. Wenn sie darüber hinaus anfangen, ihre Weltsicht im Allgemeinen zum Besten zu geben, läuft es dem unvoreingenommenen Zuhörer ob der darin sich ausdrückenden Schlichtheit kalt den Rücken runter – und das besonders bei der Vorstellung, dass sich aus dieser Szene der Nachwuchs der ökonomischen Führungsriegen rekrutiert. Gut, die meisten werden mit vierzig ohnehin ausgebrannt auf der Straße landen und durch die nächste Generation ersetzt. Aber einige kommen durch und treffen dann irgendwann Entscheidungen, bei denen es nicht nur um die Anschaffung eines neuen Zweitwagens für die dritte Ehefrau geht.

Im Freigehege des sozialen Zoos teilnahmslos betrachtet, fällt beim Anblick solcher Paare die wirrsinnige Mischung aus Kleinbürgerei, Neobiedermeier und Armani auf. Sie pflegen ein Beziehungsmodell, das schon den aufgeklärteren Schichten der Nachkriegsgeneration als altbacken erschienen wäre, richten sich ein, wie sie es im Katalog vom teuren Möbelhaus gesehen haben, und kleiden sich – ungeachtet deutlicher Differenzen im Körperbau –, wie man es ihnen in den einschlägigen Magazinen auf Fotos gezeigt hat. Die teure Armbanduhr von den üblichen Herstellern nicht zu vergessen. Wirklich faszinierend aber ist die Anpassung von Physiognomie und Körpersprache an die Prospektideale. Sie schauen drein wie die kaum der Pubertät entwachsenen Models, die sich für die neue Sommerkollektion am Strand in Posen krampfhafter Lockerheit ablichten lassen.

Verstehbar sind sie als die weitgehend gelungenen Ergebnisse eines Züchtungsversuchs der Konsumgüterindustrie auf der Suche nach dem gentechnisch veränderten perfekten Luxuskonsumenten in Paarform – vor Jahren in den USA als Dinks (Double Income – No Kids) und Bobos (Bourgeois Bohemians) gefeiert, nun auch in Europa angelangt. Am besten füttert man sie mit Fertiggerichten, natürlich nur von den Herstellern, die den Lifestyletest bestanden haben. Gelegentlich muss man sie mit ihren schnellen und teuren Autos auf freie Straßen ausführen, da sie sonst Zweifel an ihrer eigenen Größe entwickeln, und zweimal im Jahr brauchen sie Exotik unter Aufsicht an möglichst teuren Palmenstränden (→ Der Tourist), und, ganz wichtig: nie den Stecker des Kabelfernsehens herausziehen oder den Router für das W-Lan ausschalten, denn sonst fangen sie an zu stottern und müssen entsorgt werden.

Der Schirrmacher und die HMB

Nein, keine Sorge, dies ist keine weitere Häme über den
bekannten Journalisten und hochrangigen Mitbestimmer der
Zeitung für Deutschland. Und mit HMB ist auch nicht Hen-
ryk M. Broder gemeint, der Mann mit dem dauerhaft erhobe-
nen Zeigefinder. HMB steht für *H*eulboje im *M*eer des *B*ou-
levards und bezeichnet eine öffentliche Position, die von
verschiedenen Autoren angestrebt wird. Über Frank Schirrmacher, Leuchtturm der »Frankfurter Allgemeinen Zeitung«
als Person und Popanz, ist schon alles gesagt worden,
besonders das Negative. Als Heulboje im Meer des Boule-
vards, kurz HMB, aber hat der Schirrmacher großen Wert,
zeigt sich doch an seinem Wesen und Wirken gleichsam im
Lebendexperiment, wie der öffentliche Diskurs beschaffen
ist, der Objekte mit geringem spezifischen Gewicht an die
Oberfläche drückt. Dort oben, auf den tanzenden Wellen
des schnelllebigen Geplauders, hat der Schirrmacher alles
abgesahnt an Preisen und Ehrungen, was man als Journalist
so kriegen kann.

Apropos abgesahnt. Eingebunden in eine angeblich vom
Georgekreis inspirierte Bubenbande mit anderen Großmei-
nungsmachern der Republik, hat diese HMB einen großen
medialen Resonanzraum. Das zahlt sich aus, wenn es um
das Crossmarketing der eigenen Publikationen geht – lobst
du meine Tante, lob ich deine Tante. Der Schirrmacher hat
sich spezialisiert aufs Katastrophisch-Dräuende, glänzt als
Gänsehautautor für Dr. Lieselotte Müller. Wo immer ein
Untergang des Abendlandes droht, Schirrmacher erhebt ihn
zum Sachbuch. Entgegen dem bekannten Diktum, dass es
den Menschen auszeichne, einen Anfang setzen zu können,

lebt die HMB von der Befriedigung der Angstlust am drohenden Ende – der Familie, der Deutschen, der bürgerlichen Gesellschaft samt dem guten Geschmack. Das Schöne an der Schönen Neuen Welt des Internet ist die Möglichkeit, sich schnell eine Verschwörungstheorie oder Untergangsfantasie zusammengoogeln zu können. Ein bisschen Jared M. Diamond, ein bisschen Spengler, Spencer oder Schopenhauer, und fertig ist die Zeitdiagnose nach Gutsherrenart. Garniert mit Zahlen und Tabellen wird das Ganze dann auf die Bestsellerlisten gehievt und durch die Talkshows gedreht. Am Barcode der Bahnhofsbuchhandlung klingelt es derweilen. Den Ärger haben die seriösen Facharbeiter in den Forschungseinrichtungen. Die müssen den Müll wegräumen, wenn die Politik ankommt und sagt: Die Deutschen werden zu alt und sterben aus, sagt Herr Schirrmacher … Dabei träumen sie insgeheim von dessen Auflagenzahlen, die im Angesicht von fünfhundert verkauften Exemplaren des eigenen Opus Magnum bei Suhrkamp völlig jenseits des Erreichbaren erscheinen.

Schirri-Schätzchen zeigt es allen. Natürlich dreht er nicht am ganz großen Rad. Die das tun, brauchen nicht das Surrogat des medialen Glitzers. Aber diese grauen Männer sind wieder eine Klasse für sich, sitzen in der Provinz und machen in Calvinismus. Bei den HMBs hingegen ist eher Calvados als Calvin, Pils statt Pietät angesagt. Zwischen B-Prominenz und den Strippenziehern im Hintergrund angesiedelt, inszeniert diese Klasse das Spektakel: We are the champions. Das einzige Kapital, das sie bewegen, ist das ihrer eigenen Außergewöhnlichkeit. Zwar müssen sie nicht jeden Tag zitternd blättern, ob sie in den Schlagzeilen erwähnt sind, wie die Politiker und die B-Prominenten, deren Marktpreis als Attraktion bei der Eröffnung des Supermarkts in Castrop-Rauxel davon abhängt, ob Sahner sie vorteilhaft abfotografiert in der »Bunten« zeigt. Die Schlagzeilen machen sie selbst. Das gibt ihnen die Macht. Sie können jede Eva Herman so schnell wieder in der Versenkung verschwinden lassen, wie sie ihren Aufstieg aus dem Nichts inszeniert haben. Aber die Tatsache, dass sie das können, ist nicht das Ergebnis der Parthenogenese (für all jene, die das naturwissenschaftlich gepimpte Feuilleton der »FAZ« nicht lesen: unbefleckte Empfängnis, Selbst- oder Jungfernzeugung). Wenn Friede Springer hustet, fallen Matthias Döpfner oder Kai Dieckmann vom Stuhl und dabei ihrem Kumpan vom »FAZ«-Feuilleton vor die Füße, und ob der dann die Feder in die Krokodilstränen für einen Nachruf taucht – das möchte man erst mal sehen. So weit zum deskriptiven Teil. Kommen wir jetzt zur Fein- und Feindbildanalyse.

Trivialiter kann man auf Neid tippen – Frank Schirrmacher ist das geborene Feindbild, weil er die Frage provoziert: warum der und nicht ich? Und jeder, der eine Tastatur bedienen kann und einschlägige Ambitionen hat, macht sich ans Schmutzkübelauskippen über den ewig strahlend erfolgreichen Dauerjugendlichen. Wer möchte nicht aus dem obersten Stockwerk der Frankfurter Hellerhofstraße heraus Meinungen machen, gelegentlich in die Datsche nach Potsdam jetten und ansonsten von sich behaupten, glücklich zu sein?

Den Trick, Präpotenz im milden Licht der Aura alteuropäischer Belesenheit als Souveränität erscheinen zu lassen, hat der Schirrmacher sich vermutlich von Marcel Reich-Ranicki abgeschaut. Wo der aber noch gelegentlich aneckte, haben die HMBs ihren ideologisch-kulturellen Cw-Wert inzwischen so weit optimiert, dass sie widerstandslos mit jedem Wechsel der Windstärke zurande kommen. Um im Bild zu bleiben:

Sie verbrauchen pro 100 Zeilen weniger an intellektueller Energie, als jene, denen es substanziell um das geht, was man früher »die Sache« nannte. Also addieren wir zum Neid, der verlogenen Schwester der Bewunderung, die Ablehnung. HMBs als Feindbild sind der Beleg, dass es im falschen Leben nur falschen Erfolg geben kann. Hohl, schal, und alle anderen invektiven Attribute sind schnell zur Hand. Dabei wollen wir aber hier nicht stehen bleiben, das wäre für solche Kaliber doch zu tief gezielt. Denn diese Kritik bleibt noch im Horizont einer immer um Selbstvergewisserung zweifelnden Selbstkonsistenz.

Wie man dem entgeht, ist im Märchen vom Hasen und der Igeltruppe nachzulesen. Die Frage: Wer bin ich?, darf der HMB nicht stellen. Und der Schirrmacher hat nicht umsonst in den frühen, formativen Jahren, wo man noch imstande ist, Dinge nachhaltig aufzunehmen, sich mit Paul de Man, dem Großmeister der Dekonstruktion beschäftigt und smart, wie er offensichtlich schon damals war, dessen Strategie gegen ihn selbst gewendet und daraus gelernt. Oder wie es ein anderes kluges Chamäleon einmal formulierte: Man frage mich nicht, wer ich bin und wie ich heiße, das ist die Sprache der Passämter und Behörden. Die HMBs demonstrieren, dass, wer wirklich auf der Höhe der Zeit ist, nicht festzulegen ist, sondern sich immer dort platziert, wo der warme Regen der Anerkennung gerade niedergeht. Der Mensch ist ein Nomade, aber wenn er Frank Schirrmacher heißt, möchte man fast wieder sesshaft werden, auch wenn man dann jeden Tag die »FAZ« aus dem Briefkasten holen muss.

FINIS FEINDE
(Fortzusetzen)

Was bleibt?

39,7 Prozent aller Leser schlagen ein Buch zuerst beim Nach-
wort auf, in der Hoffnung dort eine Liste mit zehn Ratschlä-
gen oder zumindest eine Zusammenfassung zu finden, die
ihnen die Mühen der Lektüre erspart. Euch 39,7 Prozent sei
gesagt, dass für dieses Buch die alte angelsächsische Weisheit gelten soll: The proof of the pudding is to eat it. Also
zurück zum Anfang. Alle anderen, die sich, hoffentlich mit
Freude und Gewinn kreuz und quer durch den Zoo ausge-
wählter Feinde gelesen haben, sollten dieses Werk wärms-
tens weiterempfehlen und so für seine Verbreitung sorgen.
Nun wird man sagen: Der Autor möchte durch das Beschimpfen anderer reich werden und will dafür seine Leserschaft zu kostenloser Propaganda für sein Werk animieren.
Nun, ich will nicht leugnen, dass für den Autor – und alle
anderen, die daran verdienen – jedes verkaufte Buch ein
gutes Buch ist. Sei's drum. Aber könnte man nicht noch
andere Gründe für diese Aufforderung ins Feld führen? Ich
denke schon. Der Kultur der zivilisierten Häme wäre eine
weitere Verbreitung zu wünschen. Entspanntes Meckern ist
jeder Art von Hexenjagd vorzuziehen und dem psychischen
und physischen Wohlbefinden förderlich. Mein alter Religi-
onslehrer am Gymnasium, ein bei seinen Oberen in Ungna-
de gefallener katholischer Priester, pflegte im Angesicht der
Rüpeleien von uns pubertierenden Jugendlichen in seinem
Unterricht immer freundlich lächelnd zu sagen: Nichts ver-
drängen, immer an die Neurosen denken! Mit großer Souveränität parierte er damit unsere Versuche, wider den Stachel
der Disziplin zu löcken. In diesem Geiste ist auch dieses
Buch geschrieben (Man sieht: Selbst der Religionsunterricht

am Gymnasium kann nachhaltig etwas bewirken!). Es sollte vor der verehrten Leserschaft Belege für die Plausibilität der tiefen Wahrheit ausbreiten, dass die Satire die Realität nie wird einholen können und es sollte demonstrieren, dass auch jene, die sich auf den Ernst des Lebens berufen, nicht davor gefeit sind, sich der Lächerlichkeit preiszugeben. Nun mag man dagegen einwenden, es handle sich dabei um eine Haltung, die eines Eulenspiegel würdig, aber im Angesicht der real existierenden Weltprobleme doch etwas oberflächlich sei. Dieser Einwand ist schnell zu entkräften und wenn Sie dieses Buch aufmerksam gelesen haben, dann werden Sie auch gemerkt haben, warum. Viel Energie wird auf den Ärger am falschen Objekt verschwendet und dabei entgehen der Aufmerksamkeit der erregten Zeitgenossen die wirklichen Übel dieser Welt. Für die aber sollte man den Zorn, der bei den meisten Gott sei Dank ja auch nur in begrenzten Mengen zur Verfügung steht, aufsparen. Die richtig üblen Dinge sind wenige und meist gut versteckt und für die anderen gilt, was der Philosoph Richard Rorty über die großen Probleme der Philosophie sagte: Die scheinbar zentralen Probleme der Menschheit werden nicht gelöst, sie verschwinden einfach von der Tagesordnung, weil sich niemand mehr dafür interessiert. Wenn es gelungen ist, in diesem Sinne eines der Scheinprobleme, die einem die Laune verderben können, der Lächerlichkeit preiszugeben, dann hat dieses Buch seinen Zweck erreicht. Es wäre aber auch schon etwas gewonnen, wenn es Sie während der Zeit der Lektüre von sinnlosen Tätigkeiten wie Fastfoodessen, Shopping, Autofahren und Mülltrennen abgehalten hat oder wenn im Angesicht des nächsten Feindes bei Ihnen anstelle von Wut ein schallendes Gelächter ausbricht.

Der Autor

Reinhard Kreissl, 1952 in München geboren, ist wissenschaftlicher Mitarbeiter am Wiener Institut für Rechts- und Kriminalsoziologie. Der habilitierte Soziologe lehrte und forschte an verschiedenen Universitäten in Deutschland, USA und Australien. Letzte Buchpublikation: *Die Macht ist weiblich* (2002). Kreissl arbeitet zudem als politischer Feuilletonist für das »Deutschlandradio Kultur«.